完善支持生育的家庭发展政策

国务院发展研究中心社会和文化发展研究部　著

中国发展出版社
CHINA DEVELOPMENT PRESS

图书在版编目（CIP）数据

完善支持生育的家庭发展政策 / 国务院发展研究中心社会和文化发展研究部著. —北京：中国发展出版社，2023.6

ISBN 978-7-5177-1336-4

Ⅰ.①完… Ⅱ.①国… Ⅲ.①人口政策—研究报告—中国 Ⅳ.①C924.21

中国版本图书馆CIP数据核字（2022）第220217号

书　　　　名：	完善支持生育的家庭发展政策
著作责任者：	国务院发展研究中心社会和文化发展研究部
责 任 编 辑：	吴　佳　耿瑞蝶
出 版 发 行：	中国发展出版社
联 系 地 址：	北京经济技术开发区荣华中路22号亦城财富中心1号楼8层（100176）
标 准 书 号：	ISBN 978-7-5177-1336-4
经 销 者：	各地新华书店
印 刷 者：	北京博海升彩色印刷有限公司
开　　　　本：	710mm×1000mm　1/16
印　　　　张：	9.5
字　　　　数：	150千字
版　　　　次：	2023年6月第1版
印　　　　次：	2023年6月第1次印刷
定　　　　价：	58.00元

联 系 电 话：	（010）68990625　68360970
购 书 热 线：	（010）68990682　68990686
网 络 订 购：	http://zgfzcbs.tmall.com
网 购 电 话：	（010）88333349　68990639
本 社 网 址：	http://www.develpress.com
电 子 邮 件：	15210957065@163.com

"完善支持生育的家庭发展政策"
课题组

课题顾问

张来明　十四届全国政协社会和法制委员会委员，国务院发展研究中心副主任、党组成员

课题负责人

李建伟　国务院发展研究中心社会和文化发展研究部部长、研究员

课题协调人

张冰子　国务院发展研究中心社会和文化发展研究部研究室主任、研究员

课题组成员

王列军　国务院发展研究中心社会和文化发展研究部副部长、研究员

张佳慧　国务院发展研究中心社会和文化发展研究部研究室主任、研究员

冯文猛　国务院发展研究中心公共管理与人力资源研究所研究室主任、研究员

喻　东　国务院发展研究中心社会和文化发展研究部研究室主任、研究员

佘　宇　国务院发展研究中心社会和文化发展研究部一级调研员、研究员

柯洋华　国务院发展研究中心社会和文化发展研究部副研究员

刘胜兰　国务院发展研究中心社会和文化发展研究部副研究员

李恒森　国务院发展研究中心办公厅（人事局）助理研究员

贾　妮　首都儿科研究所助理研究员

前　言

　　人口发展是关系中华民族发展的大事情，家庭幸福是人民群众获得感、幸福感、安全感的重要来源。面对我国生育水平持续下滑，人口趋于负增长，家庭在育儿等方面的功能有所弱化等突出现象，党的十八大以来，党中央先后作出实施单独两孩、全面两孩、全面三孩政策的重大决策。完善生育相关的家庭支持政策是释放生育潜能，减缓人口老龄化进程，促进代际和谐，增强社会整体活力的重要举措。适应人口形势新变化，切实解决好人民群众不想生、不敢生的问题，需要采取更加积极的、发展型的政策取向，从健康支持、儿童照护、促进工作和家庭平衡、综合收入补贴及"普惠式"家庭支持等方面入手，构建生育相关的家庭发展支持政策体系。具体而言，笔者认为"十四五"期间应着重推进以下方面的改革。

一、完善生殖和母婴健康支持服务体系

　　一是优化卫生系统人员培养和人力资源配置，提升服务水平和服务质量。提高助产士、麻醉医师、心理医生、儿科医生、儿童康复师等人员供给，并为基层全科医生提供培训。

　　二是完善医疗费用保障机制，降低生育养育负担。拓展生育医疗待遇项目，为低收入群体提供生育服务补贴，探索试点区分生育津贴与生育

医疗待遇，建立覆盖不同群体的统一生育医疗保障制度，条件成熟时，整合相应经费，优化临床路径，提供基本免费生育服务。降低儿童基本医保起付线、提高报销比例和封顶线，完善门诊统筹制度，提高基本医保门诊报销水平。探索借鉴德国模式，将儿童随监护人纳入职工医疗保险体系，提高保障水平。

三是做好儿童健康促进，关口前移提升儿童健康水平。优化国家免疫规划，保障西部地区、农村地区免疫规划经费，研究将具备良好成本效益的、产能充分的疫苗纳入免疫规划，多渠道筹资，提高二类疫苗的覆盖率。完善优生优育服务体系，增加遗传咨询服务供给，增强产前无创基因检测等服务的可及性，将条件成熟的服务纳入免费服务范畴。

四是做好不孕不育防治，提升育龄人群生育力。高度重视生殖健康服务，完善人工流产服务流程，将生育力保护的观念融入对生育相关科室的培训及考核中。明确建立不孕不育诊疗路径和质量控制体系，依托基层相关机构、医院、科室加强孕产咨询指导，加大筛查力度。合理认定不孕不育诊疗与疾病高度相关的部分，避免"一刀切"地排除在报销范围之外。从供需两方面入手，完善辅助生殖服务。

二、提高托育和教育领域的社会化服务水平

一是扩大家庭育儿的指导、支持等服务，加快探索多种形式的托育服务模式。充分考虑各地国土空间规划、服务人口和半径等情况，通过新建、改扩建等多种方式，统筹托育服务设施数量、规模和布局，构建公办机构示范指导、普惠性机构基本保障、非普惠性机构多元补充的托育服务基本格局。特别是要注重补齐设施建设短板，有效解决重点区域、重点人群的托育服务供需矛盾。加强托育行业监管，严格从业人员准入管理，加紧研究制定

机构管理规范、从业人员资格标准和行为规范，加强安全、卫生、保健等常态化监管，强化行业自律、托育质量评价与监测。

二是加强省级统筹，综合考虑人口数量结构变化和城镇化的进程，逐步提高公办幼儿园比例。加强城镇小区配套幼儿园建设，并及时纳入属地行业管理。通过利用城市更新、产业结构调整腾退出的空间新建、改扩建幼儿园。加强政府财政保障和收费行为监管，实行全行业属地化管理。坚持公办民办并举，大力支持民办幼儿园发展。在保障安全的前提下，适当调整或放宽现有的场地、面积等准入门槛，扩大学前教育资源供给。整合各项资金、设立专项，完善农村幼儿园布局，探索实行乡村公办园教师生活补助政策，着力补齐农村学前教育短板。

三、推进更注重工作和家庭平衡的劳动力市场政策

一是完善生育保险和生育休假制度。规范延长期产假并延长陪产假，完善育儿假制度，确保将延长期产假纳入生育保险支付范围，适当延长育儿假享受的年限。进一步发挥好生育保险在支持生育上的作用，加强对生育保险自身收支状况的分析、评估和预判，坚持精算平衡原则，在增加保障项目的同时合理确定缴费水平。借鉴失业保险稳岗返还制度，适度补贴雇主的成本。

二是保障劳动者的基本权益，减少就业歧视。明确就业歧视的相关法律规定，建立专门的执行机构，有效降低劳动者的维权成本。保护用人单位的合法权益，避免对"三期"女职工保护过于泛化，加重企业雇用女职工的风险。强化对超时劳动的监管，及时纠正不规范的用工行为。

三是鼓励企业与劳动者协商，提供休假、灵活工时及看护服务等更多育儿便利措施。鼓励用人单位在国家法定的产假、延长期产假、陪产假等的

基础上，由用人单位与员工协商，自主为员工提供额外的育儿假；有条件的用人单位可以采取弹性工作制；鼓励用人单位自办或联办托儿所和幼儿园，为母乳喂养提供必要支持和配套设施。

四、加强综合收入补贴政策

一是尽快建立普惠型儿童津贴制度。建议尽快建立针对0～6岁儿童的普惠型儿童津贴制度，国家制定基础儿童津贴标准，各地根据经济发展和财政收入水平进行适度调整，资金则主要由地方财政承担。鼓励经济发展水平较高的东部地区率先探索各种瞄准型儿童津贴制度。

二是加大对多孩家庭的住房政策倾斜力度。要适当修改现行的住房贷款、住房限购等住房政策，满足多孩家庭改善住房需求。比如，对于多孩家庭通过财政贴息降低房屋贷款利率，提高公积金购房贷款额度、放宽公积金提取条件，改善型房屋按首套房计算，降低住房契税等。地方政府在配租公租房时，对符合当地住房保障条件且有未成年子女的家庭，可根据未成年子女数量在户型选择等方面给予适当照顾。在租房方面，对月支出超过一定额度的有孩家庭，可以根据家庭中孩子数量、家庭收入和租房开支确定补助额度。

三是实施子女养育个人所得税抵扣。建议将子女教育专项扩展为子女养育专项，个人所得税抵扣覆盖子女从出生到学历教育的全阶段，将3岁以下婴幼儿照护服务费用纳入个人所得税专项附加扣除，并按照年龄分阶段提高专项扣除标准。对于子女是残疾人的家庭，纳税人子女养育专项扣除则没有时间限制。对生育两个以上子女的家庭，应该提高税收起征点或免除更大税收。鼓励有条件地区探索实行以家庭为单位征收所得税。

五、建立"普惠式"家庭支持体系

一是建立"社会育儿"理念，整合各方资源建立积极的综合性家庭支持体系。应借鉴发达国家育儿理念变化的经验，整合政府、市场和社会资源，建立涵盖支持家庭生育、养育、教育等全过程的经济和服务保障体系，更好分担家庭育儿压力。

二是充分依托社区资源，建立家庭育儿综合支持网络。在社区建立家庭支援中心，及时响应家庭需求，为家庭育儿提供专业指导和支援，建立家庭与专业服务机构间有效沟通的桥梁。依托社区闲置资源，引导医疗、教育等部门依托各自基层服务网络下沉社区，引入市场和社会力量提供服务，更加积极主动地为家庭提供各类育儿相关基本公共服务。

三是建立权威科学的育儿知识传播普及体系，帮助家庭提高育儿能力。支持医疗健康、教育等专业服务机构通过定期家访等方式，主动为家庭提供科学育儿指导。鼓励和支持专业机构和权威专家更多、更好地利用新媒体传播科学育儿知识，对网络传播的育儿知识加强规范和监管。

四是加强宣教，引导家庭内部合理分担育儿责任。通过立法等方式明确家庭劳务的经济价值，对女性承担育儿责任给予认可和支持。为女性提供心理健康、家庭沟通技巧等方面的指导。更好普及两性平等的观念，引导和支持男性更多参与育儿。

五是加快推进儿童友好城市和社区建设。加快推进育儿无障碍设施建设，如在公共场所"消除台阶"，普及家庭厕所、母婴室等，建立更多公益性儿童活动场所。

目　录

总报告

完善生育相关家庭发展支持政策研究

2022 年中国人口出生率为 6.77‰，继续跌破 1%，人口自然增长率降至 –0.60‰，出现近 61 年来的首次人口负增长[①]。这意味着我国人口形势已经发生根本性变化，人口减少与少子老龄化一体两面，成为影响我国人口长期均衡发展的核心问题。出生率的下滑与我国婚姻和家庭的变化息息相关。当前，家庭在育儿等方面的功能有所弱化，社会对于家庭的有效支持不足，尽快完善生育相关家庭发展支持政策对于释放生育潜力、促进人口的长期均衡发展意义重大。

一、改革开放以来我国家庭和婚姻的变迁及其影响

（一）我国家庭和婚姻变迁及特点

一是家庭规模快速缩小。计划经济时期，土地改革引发大量农村家庭分家分户，中国家庭户数量激增，加之人口增长，家庭户规模长期保持在接近 4.5 人的水平。改革开放及计划生育政策实施后，人口生育率逐渐降低，家庭规模快速缩小。同时，受人口流动、商品房市场发展等影响，家庭户数持续增长，导致家庭户规模进一步缩减。家庭户规模已经降低到第

---

① 国家统计局：《中华人民共和国2022年国民经济和社会发展统计公报》。

七次人口普查时的 2.62 人，不足三口之家。

二是家庭代际关系发生了很大变化。其一，改革开放后，受人口结构转变、社会转型和老龄化影响，家庭代际关系上出现了由以亲子关系为轴心的纵向关系向以夫妻关系为轴心的横向关系的转变。其二，受计划生育政策及妇女在家庭中经济地位的提高等影响，独生子女在代际关系中的义务、责任和权利增大，出现了家庭人际关系平等化、民主化的趋势。其三，受社会变迁、生产生活方式变革及财富流向等影响，老人在家庭中的地位和影响力有比较大的弱化。

三是家庭本位价值和个体主义得到恢复和发展。注重同居共财、共担责任的家庭本位和以占据主导地位的核心家庭（及延伸的主干家庭）为代表的个体主义相互交融，是我国历史上家庭组织发展中的主线。计划经济时期，家庭功能大幅减少，转由城市单位和农村社队承担，家庭本位和个体主义均有所弱化。改革开放以来，家庭的功能和家庭本位价值得到了很大恢复，同时市场经济的理性原则对家庭影响日益凸显，原子化的个人主义开始在家庭中流行，虽然在短时期内引发了一系列房产纠纷、养老纠纷等现象，但总体趋势是积极、正向和多元化的，对现代化进程起到了支持作用。

四是婚姻结合方式由单一到多元，婚姻自主权不断增大。计划经济时期到改革初期，我国婚姻结合方式经历了从包办到父母、亲戚介绍，再到自己认识或朋友介绍的变迁。其中，城市婚姻自由度较高，完全自主婚姻由 1949 年前的 13.75% 上升到 1984—1993 年的 51.95%，自主婚姻与半自主婚姻二者比例占 72.19%，已占多数 [1]；农村也出现了自由恋爱婚姻稳步增加的趋势，包办婚姻逐渐减少，20 世纪 70 年代末完全消

---

[1]　沈崇麟、杨善华主编《当代中国城市家庭研究——七城市调查报告和资料汇编》，中国社会科学出版社，1995 。

失①。进入 21 世纪以来，婚姻结合方式出现了追求爱情与亲密关系体验的新趋势。

五是婚姻观念由封闭、传统到开放、包容。改革开放后，受发达国家观念传播及社会多元化影响，社会对婚姻的观念发生了重大转变。例如，社会对离婚的态度发生了非常大的转变。计划经济时期，离婚在法律、社会评价及资源分配等方面受限制较大，离婚率极低。1980 年《中华人民共和国婚姻法》明确规定把感情破裂作为离婚条件，强调了人们婚姻自由和离婚自由之后，社会对离婚的包容度逐渐提升。

六是择偶标准由单一到多元，更加看重经济基础。计划经济时期，受当时社会、政治、经济等现实原因影响，青年择偶时比较看重家庭出身及社会关系等条件。改革开放后，人们在择偶标准上表现出多元化、务实化倾向，格外注重影响地位和财富获取的个人能力、学历、家庭背景等因素，也关注影响双方感情的兴趣爱好、品行性格等因素。

（二）家庭和婚姻变迁的原因

受工业化和城市化影响。一方面，工业化和城市化改变了家庭经济生产的方式及家庭成员的地位，每个人都能够参与社会就业竞争获取工作报酬，这就使女性更容易通过就业实现经济独立，而老年人在家庭中的地位出现下降。同时，工业化要求劳动力自由流动，客观上导致家庭规模缩小、支持能力减弱，对家庭稳定性和家庭功能都产生了负面影响。另一方面，市场经济的发展使得个体主义对家庭的影响更加突出，使传统家庭注重关爱、合作和牺牲的价值有所弱化。

---

① 阎云翔：《私人生活的变革：一个中国村庄里的爱情、家庭与亲密关系（1949—1999）》，龚晓夏译，上海书店出版社，2006。

受外来文化传播影响。西方社会以夫妻关系为基础的小家庭，逐渐成为现代生活的一大标志，这类西方家庭模式和理念的传播扩散成为促进第三世界国家家庭变迁的重要动力①。在这一点上，国内学术界也发现，家庭变迁现代化除了受经济影响外，还可能受到外来文化和传统文化的影响，例如，在传统文化影响较小的地区，家庭变迁更趋于现代化，反之亦然。

受国家政策影响。例如，计划生育政策直接或间接地对我国家庭的内在结构、外在结构及家庭观念产生了重大影响。同时，家庭方面的法律法规立法修法，以及通过制定、更新乡规民约等倡导家庭新风尚，都对家庭所处的制度环境、家庭的权利关系及行为规范等产生了很大影响。

受互联网发展影响。一方面，发达的网络社交工具扩展人们的交往范围的同时，扩大了人们的遥婚圈，择偶面和自由度更大，但也使得交往变得工具化和表面化，加剧了个体的线下孤独感，不利于家庭、婚姻关系的正常维系；另一方面，互联网上充斥着关于婚姻家庭的社会负面新闻或者明星的婚变信息，加剧了个体对婚姻家庭风险的感知和不稳定预期。此外，互联网游戏、虚拟技术等的发展，也在相当程度上改变了年轻一代的生活方式，为单身生活方式乃至"躺平"提供了重要基础。

（三）我国家庭和婚姻的现状

家庭结构简化和多样化。家庭结构简化是指家庭户数增多，家庭规模变小；家庭结构多样化是指家庭类型增多。其一，我国平均家庭规模持续

---

① Martin King Whyte，" Continuity and Change in Urban Chinese Family Life，" The China Journal 53（2005）：9-33.

变小，下降速度增快。第七次人口普查数据显示，2020 年家庭户户均人口 2.62 人，比 2010 年的 3.10 人减少 0.48 人。家庭户数量增幅显著高于人口增幅，且增幅及增速明显提高。2020 年全国家庭户 4.94 亿户，相比 2010 年的 4.02 亿户增加 9264 万户，增长 23.1%，年均增长 2.08%（见图 1）。1 人户和 2 人户的占比持续上升，3 人户占比明显下降，而 4 人户占比略有上升，5 人户及以上的占比较低且不断下降。最突出的是 1 人户比例从 2010 年的 14.53% 增加到 2019 年的 18.45%，表明我国独居单身化趋势明显。其二，受"去家庭化"趋势、人口流动、家庭支持政策有所不足等影响，单身家庭、非婚同居家庭、丁克家庭、隔代家庭、空巢家庭等新型家庭模式不断增多，家庭形态呈现出多样化形态。

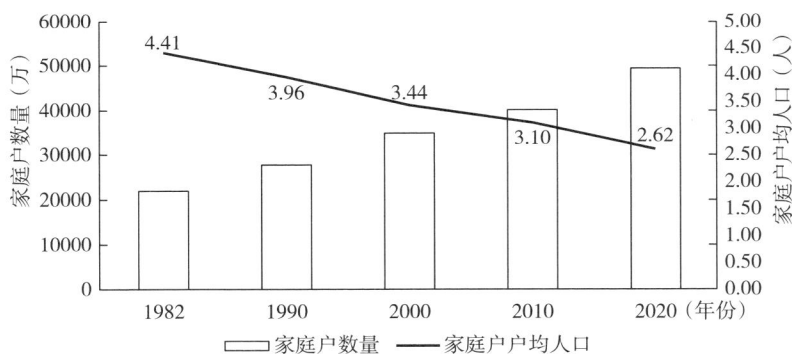

图1　1982—2020年中国家庭户数量和规模

资料来源：国家统计局。

家庭关系民主化和平等化。其一，在夫妻关系上，特别是在家庭事务决策的参与程度上，女性参与比例有了很大提升，夫妻共同商量已成主流。中国妇女社会地位调查显示，在大件商品购置、买房等重大家庭事务决策中，夫妻共同商量的比例达到 60% 以上，在孩子升学择校方面的比例达到了 72.5%。与 2000 年相比，当前家庭地位满意度人数占比更大，对自己的家庭地位表示满意的男女比例分别是 89.3% 和 85.2%。其二，在代际关系方面，相较于过去，当代儿媳的家庭权力有比较大的提升，婆媳关系平等化趋势明显[①]。受计划生育政策影响，独生子女作为父母唯一的赡养者、情感和精神寄托，同时也被赋予了继嗣与继承家产的权利，家庭地位大大提升，已婚女性与娘家纽带比过去显著增强，出现了以情感推动的家庭结构双系化发展趋势。

婚姻的择偶标准多元而务实。职业、收入、住房、家庭条件等经济因素在当前择偶标准中占据突出的位置。有研究表明，在高等教育扩张、生活成本迅速攀升、双职工家庭大量存在的背景下，男性越来越多地根据教育程度、社会经济水平等指标来进行择偶，两性择偶偏好开始走向趋同。

晚婚、不婚现象持续增长，造成婚姻延迟化。一是晚婚现象突出，平均初婚年龄不断推迟。2010 年第六次人口普查数据显示，中国男性平均初婚年龄是 25.9 岁，女性是 23.8 岁，与其他国家相比平均初婚年龄较低。2018 年中国家庭追踪调查数据显示，2017 年我国进入初婚的男性与女性的平均结婚年龄分别为 26.9 岁与 25.8 岁，比 2010 年又有所推迟[②]。在现代化、工业化和城镇化等因素的综合影响下，我国的结婚对数和结婚率从 2013 年开始下滑，大致与跨越"刘易斯拐点"的时间节点同步。根据民政部门的数据，我国结婚登记对数从 2013 年 1347 万对的历史高点持续下滑到 2022 年的 683.3 万对，比 2021 年下降 10.5%；结婚率为 5.22‰，比上年下降 0.18 个千分点。

不育人数增加，婚姻与生育子女的关联度下降。在受教育程度提高、

①　黄亚慧：《并家婚姻中女儿的身份与地位》，《妇女研究论丛》2013年第4期。
②　於嘉、赵晓航、谢宇：《当代中国婚姻的形成与解体：趋势与国际比较》，《人口研究》2020年第5期。

自我意识增强及城市化、生活方式现代化的大背景下，个体发展的意愿日益强烈，养儿防老功能大幅弱化，来自社会和家庭的催生压力也在减小，开始出现年轻人找不到生孩子的意义的现象。作为当前或未来的生育主力军，"90后""00后"倾向于"理想子女数为0"的比例有较大的提高。

婚姻形式更加多元化。研究表明，同居在我国已经成为较为普遍的家庭行为。1970年以前出生的群体，婚前同居的比例不超过10%；1970年以后出生的群体婚前同居比例大幅增加，尤其是1980—1989年出生的群体，婚前同居比例已达到1/3。

离婚的社会和文化约束力减弱，社会包容度增加。司法大数据报告显示，2017年全国法院共审结离婚纠纷案件140余万件。其中，感情不和（77.5%）、家庭暴力（14.9%）为主要原因。目前关于离婚冷静期的争议，清晰地显示出维护家庭本位和追求个体主义的不同价值取向，这是社会包容度增加的一个例证。

（四）我国家庭和婚姻存在的主要问题

育儿压力增加。受计划生育政策、大规模城市化、人口流动以及外来观念等影响，出现了家庭生育功能弱化和异化的现象，高成本的育儿焦虑成为普遍现象。一方面，少子化导致"精养"模式盛行，育儿的经济成本和时间成本不断提升；另一方面，下一代社会竞争加剧，在教育资源分配、中产焦虑等因素的综合作用下，家长一边要求"减负"，一边参加培训，子女教育成本持续攀升。

家庭养老面临困境。根据第七次人口普查数据显示，我国65岁及以上人口占比增至13.5%，即将迈入深度老龄化社会。同时养老制度设计以家庭养老为主，但是随着受教育年限提高、经济水平提高、住房条件改善，年轻一代进城务工或在城镇间迁移的数量不断增多，空巢家庭问题凸显。2015 年全国老龄工作委员会数据显示，老年人家庭空巢率已达 50%，大中城市达 70%。

女性工作与家庭的冲突问题突出。我国女性劳动参与率正在逐年减小，反映出在家庭养老功能弱化、子女养育压力增加的情况下，抚育幼儿和赡养老人的责任主要由女性承担，导致女性参与工作的机会减少。学术界研究指出，20 世纪末到 21 世纪初我国减少了对托育服务的公共支持，加之政策规定女性 50 岁退休，是女性主动或被动地回归家庭，重新专注于家庭照料活动的重要原因[①]。在 1989—2015 年的 26 年间，母亲的平均工资增长率比非母亲低 1.6 个百分点，子女数量对女性工资具有显著的负向影响，且"长期母职惩罚"效应在近年来不断加剧[②]。

家庭道德观念弱化。为了维系家庭和谐发展，认同传统家庭本位文化的老年人一般持有年轻时不计回报为子女付出、年迈时尽己所能不给儿女添麻烦的观念。但当市场机制影响不断渗透到社会机制中时，原本成员之间彼此关爱、承担责任和义务的家庭内在逻辑也被经济理性所入侵，在我国表现的是自我中心式的个人主义，出现了日益成为突出社会问题的"啃老"现象。有的学者用"无功德的个人"来形容仅靠剥削父辈不断增加自己财富和个人享受，却未履行养老责任甚至虐待老人的年轻一代[③]。

婚姻稳定性降低。首先，青年人群离婚风险显著增加。研究数据显示，在 20 ~ 40 岁的青年人群中，离婚人口比重总体上从 1995 年的 0.73%

---

① 南希·福布尔、宋月萍：《照料经济的特征、价值与挑战：基于性别视角的审视》，《妇女研究论丛》2020年第5期。

② 申超：《扩大的不平等：母职惩罚的演变（1989—2015）》，《社会》2020年第6期。

③ 阎云翔：《私人生活的变革：一个中国村庄的爱情、家庭和亲密关系（1949—1999）》，龚晓夏译，上海书店出版社，2006。

上升到了 2015 年的 1.66%，增长了 1.3 倍，且城市比乡村更加突出。其次，青年人群婚姻稳定性在下降，婚姻寿命越来越短。中国综合社会调查（CGSS）2010 年数据显示，从"50 后"至"80 后"，越年轻的世代初婚平均持续期越短，不同世代出生群组的婚姻稳定性表现出明显降低的趋势 [①]。有研究发现，1980—1989 年期间结婚的人群离婚期大概在婚后 11 年，1990—1999 年期间的大概在婚后 8 年，2000—2010 年期间的则是在婚后 5 ~ 6 年 [②]。

婚姻成本加大。一是成本快速加大。2018 年对全国 11 个省份的百村调查数据显示，近 30 年来中国农村男性婚姻成本涨幅很大，2010 年后结婚的农村婚姻总成本是 1999 年以前结婚的总成本的 7.64 倍。二是购置婚房的压力不断凸显。出于追求个体私密空间、加大自身在婚姻市场上的竞争力等目的，婚房逐渐变成了城乡年轻人结婚的必备条件。2017 年中国大学生追踪调查发现，现代"90 后"青年中有 2/3 的人认同房子是进入婚姻的必需品 [③]。据学者调查，北京有 85% 的青年不能接受一直租房 [④]。但是，中国自 1998 年房改以来，房价长期持续上涨，结婚购房压力已经成为年轻人晚婚、不婚、不育的突出原因。

---

① 刘玉萍、郭郡郡、喻海龙：《婚前同居、同居蔓延与中国居民的婚姻稳定性：自选择及其变化》，《西北人口》2019 年第 1 期。

② 许琪、邱泽奇、李建新：《真的有"七年之痒"吗?——中国夫妻的离婚模式及其变迁趋势研究》，《社会学研究》2015 年第 5 期。

③ 胡建国、李伟：《90 后：结婚必须有房吗?——基于中国大学生追踪调查的研究》，《中国青年研究》2019 年第 6 期。

④ 廉思、赵金艳：《结婚是否一定要买房?——青年住房对婚姻的影响研究》，《中国青年研究》2017 年第 7 期。

二、我国生育相关家庭支持政策演变和发展方向

（一）我国家庭支持政策的发展

当前家庭支持政策的概念还不够清晰，一般从政策对象和内容上对家庭政策进行分类。由于家庭与人类生活密切相关，所以广义的家庭支持政策指的是直接或间接影响家庭的社会政策。换言之，所有的社会政策都包含了家庭政策[①]，甚至可以说社会政策就是家庭政策[②]。由于定义范围过于宽泛模糊，研究不可操作性强，狭义角度上家庭发展政策的定义是为了增强家庭的福祉和发展能力，以家庭为对象，调整优化家庭资源配置，引导家庭成员行为规范的政策。具体来说，主要包括生育政策、家庭福利政策、女性就业支持政策和家庭规范与权益保障的相关政策等。

1. 生育政策

生育政策是指人口政策及其一系列对符合政策规定家庭的奖励和扶助政策。我国计划生育政策大致可以分为4个阶段：鼓励生育到节制生育（1949—1969年）、启动生育控制（1970—1980年）、严格计划生育（1981—2010年）、鼓励生育（2011年至今）。国家和地方的人口政策配套措施包括孕前和孕期的产前、孕中和产后的保健服务等；哺乳期间的妇女产假、哺乳假、配偶陪产假等；儿童学前期间的育儿假、倡导弹性工作制等；儿童教育期的税收减免、普惠学前教育等。

总体而言，当前生育支持政策专注于"多生"的制度安排，对"善养"重视不足，且偏向于弥补因生育政策而"吃亏"的社会群体及问题家庭，普惠性有所不足。以儿童早期发展的家庭支持政策为例，存在以下问题：对家

---

① Aldous J，Dumon W，The Politics and Programs of Family policy：United States and European Perspectives. Louvain，Belgium：Leuven University Press，1980.

② Kamerman S，Kahn A，Family Policies：Government and Families in 14 Countries. New York：Columbia University Press，1978.

庭的支持范围有限，除了生育津贴、免费接种、部分医疗补贴外，儿童所需要的衣、食、住、行、教育、医疗等费用基本都由家庭承担；亲职福利集中于适龄女性孕产期配套服务，对女性维持工作和家庭平衡重视不足；有严格的条件限制，仅针对特定家庭，而且主要针对 0 ～ 1 岁婴儿家庭，对家庭全生命周期覆盖不足。

我国生育意愿低、生育二孩比例低、婚育年龄不断推迟的低生育现象已经持续近 20 年。对此，自 2013 年以来，我国相继实行了单独二孩和全面二孩的适度宽松生育政策，但是生育率仅有短期回升，并没有扭转大的趋势。有关研究表明，改革开放以来社会经济和其他制度性因素对人们生育意愿和行为的影响已超出生育政策的影响，经济负担、子女照料、女性对职业发展的担忧等成为"不愿生""不敢生"的主要因素。为了统筹解决这些问题，2021 年 7 月 20 日《中共中央　国务院关于优化生育政策促进人口长期均衡发展的决定》，提出覆盖全生命周期的三孩配套措施。

2. 家庭福利政策

家庭福利政策一般是指针对特殊家庭和特殊人群制定的政策，如城乡困难家庭收入支持政策、面向农村老年人的基础养老金以及面向城乡高龄老人的津贴补助、面向零就业家庭的就业支持政策等。

目前，一个突出问题是失独家庭。据预测，我国每年至少产生 7.6 万个失独家庭，面临心理创伤、情感慰藉缺失、养老困难等问题[①]。为了解决这一问题，2007 年起《全国独生子女伤残死亡家庭扶助制度试点方案》《关于进一步做好计划生育特殊困难家庭扶助工作的通知》等政策性文件相继发布。但是，存在失独家庭支持政策仅制定方向性的指导意见，政策细节

---

① 北京大学人口所课题组：《计划生育无后家庭民生关怀体系研究——以辽宁省辽阳市调研为例》，《中国延安干部学院学报》2011 年第 5 期。

不足，影响执行效果 [①]；经济投入不足，供需缺口大 [②]；精神帮扶未受重视，执行思路不宽 [③]；医疗保障薄弱 [④]，养老机构执行程序刻板 [⑤]；有关部门责任意识不强，政策执行不充分，执行机构间协调不力等问题。

另一个突出问题是留守儿童。近年来相继颁布了《关于做好预防少年儿童遭受性侵工作的意见》《国务院关于加强农村留守儿童关爱保护工作的意见》等政策文件，由党政主要领导干部、政府相关部门及群团组织、村（居）民委员会、社会工作机构、志愿服务组织等共同参与，而且明确了基础数据排查、安全教育、强制报告制度、部门分工合作制度安排，取得了较好的成效，但也还存在"运动式""节点性"关爱、个性化服务不足等需要进一步解决的问题。

3. 女性就业支持政策

我国一直重视对女性的就业支持政策。改革开放后，《女职工保健工作暂行规定》《女职工劳动保护规定》《企业职工生育保险试行办法》等政策相继推出，在女职工就业、劳动工作时间、产假、待遇、孕期保护及其他福利等方面做出了规定并给予支持。目前存在的问题主要是制定相关法律法规的社会经济情况发生了较大的改变，法律法规的顶层设计也有所欠缺，使落实法律规定遇到一些障碍。例如，民营经济快速发展后，企业自负盈亏，生育保险成本由企业承担，"性别亏损"让企业自然减少雇用女工，加剧性别就业不公平；生育保险参保覆盖范围小，仅限于城镇企业及

---

① 缴维：《失独家庭社会保障立法的必要性》，《沈阳师范大学学报（社会科学版）》2015年第2期。

② 刘盛华：《点燃失独家庭的生活希望》，《政策》2015年第4期。

③ 李雪竹：《浅谈失独家庭养老保障问题》，《华北水利水电大学学报（社会科学版）》2015年第4期。

④ 肖守渊、李立文：《关于构建失独家庭晚年幸福的思考——以南昌市为例》，《老龄科学研究》2015年第9期。

⑤ 孙炜红：《失独家庭养老困境研究》，《四川理工学院学报（社会科学版）》2014年第4期。

其职工,不包括创业人员、灵活就业人员,生育保险受益人群较少;生育保险基金支出存在地区不平衡的问题。在托幼方面,《女职工特殊劳动保护条例(征求意见稿)》(2011年)不再要求用人单位建立托儿所和幼儿园,符合企业利益,但是现实情况是托幼需求大,不解决必然影响促进生育、减轻家务劳动压力、促进女性就业等。

从实际情况看,收入性别差距和职业性别隔离问题是一个全球性的问题,关系到收入分配的公平性和我国历来的政治承诺,不容忽视。《2015年全球性别差距报告》显示,女性从业人数和男性从业人数的差距在不断扩大,2006年和2015年全球女性的平均收入分别为0.6万元和1.1万元,远低于男性的1.1万元和2.1万元。我国80%以上的在业女性聚集在相对低端的产业链中,企业事业单位负责人中,女性仅占1/4①。在女工劳动保护方面,现有法律规定要消除性别歧视,但是对何为就业歧视,缺乏法律层面的认定标准和保障机制,其连带后果是就业性别歧视干预机制缺失,专门的监管、救助、补偿机制均发展滞后。

4. 家庭规范与权益保障的相关政策

主要是家庭形成、成员关系和权益保障的规制,包括婚姻、收养、家属户籍随迁、抚养赡养义务、家庭中的性别平等方面的法律规定。以上内容在《中华人民共和国婚姻法》(以下称《婚姻法》)相关的系列政策中有集中体现。

1950年《婚姻法》开宗明义规定男女婚姻自由、一夫一妻、男女权利平等、保护妇女和子女合法利益,体现了国家运用法律手段对婚姻家庭关系进行整合和规范、破除旧式婚姻制度、建立并推行新型婚姻家庭关系的制度安排。1980年《婚姻法》明确夫妻财产制,实行计划生育政策,明确

① 杨慧:《女性就业现状及行业与职业分布性别差异》,《中国妇女报》2013年3月6日。

把感情破裂作为离婚条件，影响很大。2001 年《婚姻法》规定禁止有配偶者与他人同居；禁止家庭暴力；夫妻应当互相忠实，互相尊重；家庭成员间应当敬老爱幼，互相帮助，维护平等、和睦、文明的婚姻家庭关系等，对当时轻率离婚、婚外情、家庭暴力问题进行调整和反馈。改革开放以来，居民储蓄大幅度增加，离婚时一方隐藏、转移、变卖及毁损、侵占夫妻共同财产的问题凸显，2001 年《婚姻法》还对离婚财产分割、离婚后子女抚养和教育问题做出了明确规定。《中华人民共和国民法典》（婚姻家庭编）自 2021 年 1 月正式实施，它在禁止结婚条件、无效或撤销婚姻无过错方的损害赔偿规定、离婚冷静期的规定、家务劳动补偿制度、夫妻债务事务、离婚分割夫妻共同财产照顾无过错一方问题、离婚损害赔偿问题等方面都做出了重要修改。

（二）我国家庭支持政策的主要问题

对完善家庭发展能力重视不够。有学者认为，我国家庭支持政策的取向和目标主要侧重于国家经济发展、社会稳定的需要，未能够以完善家庭发展能力为政策目标，体现在国家对家庭干预过多而支持较少[1]。而且，我国有"家国同构"的治理传统，对家庭、个人的主体地位和需求重视不足，影响到其主动性的发挥。例如，2011 年以来生育政策进行了多次重大调整，但都偏重强调家庭增加生育子女数对国民经济社会发展的意义，并将其视为家庭的应有义务，而对生育的支持不足，对珍视生命的生育文化倡导也不够，这是目前开始转向促进生育但生育率仍在下滑的原因之一。

政策制定重个人而轻家庭。相关政策设计主要针对独立的个人而不是家庭，对家庭正常运行所需的资源缺乏统筹的考虑，使得有时家庭反

---

[1] 祝西冰、陈友华：《中国家庭政策研究：回顾与相关问题探讨》，《社会科学研究》2013年第4期。

而成为个人获得福利支持的障碍。比如，与家庭发展相关的重要政策中，生育保险、医疗保险等社会保障政策都以就业作为准入门槛，家庭成员之间不得转移，因而无法为未就业或非正规就业的家庭成员提供有效的保障。

缺乏专职部门统筹协调。目前，家庭事务的政策制定和执行呈现出"九龙治水"、条块分割的状态，具有分散化、碎片化的特点。民政、社会保障、教育、卫生等多个部门，以及妇联、残联、共青团等群团组织，相关部门及群团组织之间还没有一个统筹协调的机制。这就导致与家庭事务有关的各项社会政策不仅分散，而且有时可能出现相悖或不相容。例如，家庭养老在相当长的时间内仍是中国重要的养老形式，政府也正在采取相应措施加强家庭养老的能力和积极性，但不同政策却缺乏相容，削弱了本已弱化的家庭养老功能，如下调 90 平方米以下住房首付比例和贷款利率而提高 90 平方米以上住房负担，但是 90 平方米的住房显然很难容纳三代人，客观上对家庭小型化及养老功能弱化起促进作用[①]。

以救助和补缺为主，呈现碎片化特点，缺乏系统性和完备性。家庭福利政策法案数量较少，缺乏具体措施的明确规定，对家庭发展的保障力度有限。除了生育政策、低收入家庭支持政策、部分特殊家庭支持政策等从政策体系到各个环节相对完整之外，其他领域的相关社会政策，或多或少都存在政策目标不清晰、政策措施可操作性不强、政策制定的时机已明显滞后等问题。总之，现有社会政策中明确以家庭为政策对象的还相对较少，大多是笼统、一般的涉及家庭的宏观政策，或是对家庭有间接影响的其他社会政策，如生育政策、住房保障政策等。

[①]　彭希哲、胡湛：《公共政策视角下的中国人口老龄化》，《中国社会科学》2011 年第 3 期。

（三）我国家庭和婚姻未来面临的挑战

在少子化和老龄化不断加深的人口发展背景下，我国家庭和婚姻领域未来将面临的挑战主要是家庭难以应对人口、家庭、社会多重变迁带来的结构性冲击与现有家庭支持政策难以兜底之间的矛盾。

挑战之一是家庭的稳定性。预计到 2050 年，我国抚养比情况将从目前平均 2 个生产性人口负担约 1 个消费性人口，转变为平均 1 个生产性人口负担约 2 个消费性人口。同时，我国城市化仍有持续向前推进的潜力，城乡人口流动仍将沿着城市层级不断拓展，即农村人口走向乡镇，乡镇人口走向县城，县城人口走向地级市，地级市人口前往省会城市，省会城市人口前往一线城市。考虑到少子化、老龄化、城市化与人口流动不断加深，可以预见，我国家庭变迁会朝着家庭小型化和核心化、老年型家庭增多、空巢化趋势加深、失独家庭矛盾凸显等方向发展。

在这个过程中，家庭户规模已经大幅缩小，家庭结构的不稳定与失独家庭、隔代家庭、单亲家庭等风险家庭增多的矛盾将凸显。一般来说，家庭规模的缩小、户数的增多及居住的分离性使家庭成员相互联系的频率降低，可供依赖的家庭网络资源减少，进而弱化了家庭抚育后代、赡养老人的功能。越来越普遍的单身、不婚、晚婚及婚后不育也让人们在对抗外界风险时缺乏三角支撑，在社会保障制度不完善、社会养老设施匮乏情况下，个体面临养老等问题的概率增加。另外，人们在风险社会中对于家庭中的成员情感依赖要求较高，但是随着社会文化对个体的约束力降低，在个人主义的推动下，人们往往过度注重自我感受，而降低了家庭责任感，导致失范行为，也对家庭稳定性特别是青少年健康成长带来挑战。

挑战之二是晚婚、不婚问题将更加严重。学术界预测，我国居民将持续推迟初婚年龄，不婚现象也将更为普遍。有预测显示，从目前看，中国女性仍是普遍结婚的状态，但随着女性结婚率下降、初婚年龄提高，1985

年出生队列的女性在婚姻推迟之后的补偿能力将会降低，终身未婚的比例也会大幅上升，从晚婚转为不婚的可能性也会增加，这将导致未来生育率进一步下降，对人口发展产生影响①。

挑战之三是婚姻挤压问题。受前期长时间出生性别比失衡影响，男性择偶拥挤问题已经出现，未来将面临严峻挑战。有学者预测，中国严重的男性择偶拥挤自2000年就已经开始，2013年之后每年的大龄未婚男性比例在10%以上，2015—2045年可能达到15%以上，平均每年约有120万名男性在婚姻市场找不到初婚对象②。婚姻挤压问题存在城乡和性别差异，男性终身不婚（超过50岁不结婚被称为终身不婚）人数将快速增加，乡村大龄未婚和终身不婚的男性明显多于城市和城镇，但女性终身不婚的人口半数以上是城市人口。婚姻挤压将会带来夫妻阶层差和年龄差加大、择偶难度加大、农村婚姻家族暴力加剧、违法犯罪行为发生、降低被动失婚人群幸福度等负面影响。

（四）构建我国家庭支持政策体系的总体思路

1. 采取更加积极的政策取向

正如一些研究者所指出的，长期以来我国的家庭政策是消极的、补救性的，主要针对的是失去家庭依托的社会边缘群体，如城市的"三无"对象、农村的"五保户"和孤残儿童等，未能以增强家庭发展能力为主要政策目标③。这是难以适应当前我国人口发展和社会建设需要的。

未来一个时期，我国应该构建更加积极的发展型家庭政策体系，即家

---

① 姜全保、淡静怡：《中国女性婚姻的推迟与补偿》，《中国人口科学》2020年第5期。
② 贾志科、沙迪：《贫困农村大龄未婚男青年的婚恋窘境分析——基于河南S村的实地研究》，《河北大学学报（哲学社会科学版）》2016年第3期。
③ 张秀兰、徐月宾：《构建中国的发展型家庭政策》，《中国社会科学》2003年第6期；吴帆：《第二次人口转变背景下的中国家庭变迁及政策思考》，《广东社会科学》2012年第2期。

庭政策不仅要在家庭及其成员陷入困境时为他们提供及时的帮助，更重要的是通过预防、支持和早期干预等措施，帮助他们增强适应经济和社会变化的能力，将人和家庭作为社会最重要的资产进行培植和投资。

2. 家庭支持政策方向以去家庭化为主、再家庭化为辅

随着家庭功能的弱化，我国家庭支持政策总体方向应是以去家庭化方向为主，即通过建立社会化的托育、养老服务体系，来弥补家庭功能的持续弱化；以再家庭化为辅，即政府、社会在经济、时间、知识等方面给予家庭支持，使家庭在托育、养老的特定阶段、环节发挥重要功能，并给予家庭社会化照料或家庭照料的选择权。

3. 在经济、服务和时间 3 种支持手段中更加重视服务手段

为了实施更加积极的家庭政策，我国必须加大资金投入。同时，笔者也注意到在发达国家的实践中，在相似支出水平下，不同的政策结构和细节设计产生的政策效果差异很大。例如，瑞典和英国在家庭福利方面的公共支出均超过 GDP 的 3%，总体支出水平相差不大，但瑞典的政策效果远优于英国。

主要原因在于瑞典强调国家直接提供较为全面的公共服务（如儿童照护服务不仅主要由政府直接提供，而且服务时间较长），而英国强调现金福利和市场化服务，前者不仅服务有效率，公平性也要高于后者。因此，经济、服务、时间 3 类家庭支持政策工具应该根据国情和政策目标有侧重地使用，优先采用直接提供服务方式来实现家庭政策目标，这也符合我国的制度优势。

4. 建立积极、全面的生育相关家庭支持政策体系

积极的、全面的生育相关家庭支持政策应覆盖婚孕、托育、教育这一生育养育的整个周期，并对生育女性的就业、有孩家庭的收入予以重点支持。

完善生殖及母婴健康支持服务体系。以新婚夫妇为核心，针对其不同阶段的生育需求提供全流程建档跟进的针对性生殖及生育服务。完善生育费用保障机制，探索建立覆盖不同群体的统一生育医疗费用保障制度。预防和规范不孕不育诊疗，做好育龄人群生育力保护。从供需两方面入手，提升辅助生殖技术应用水平。完善优生优育服务体系，做好儿童健康促进。

降低家庭养育教育成本。加快发展普惠托育服务体系，为家庭提供科学养育指导，进一步巩固家庭育幼基础地位。扩大优质教育资源供给，调整优化城乡教育资源配置结构，深入推进义务教育优质均衡发展，进一步缩小学校之间办学条件和教育质量等差距，持续改善农村基本办学条件，有序扩大城镇学位供给。有效推进学生减负，推动学习内容回归校园，缓解家庭子女教育支出压力。提高对儿童的医疗保障水平，减轻家庭医疗成本。

建立"普惠式"家庭支持体系。逐步建立社会育儿理念，完善综合性家庭支持体系。充分依托社区资源，建立家庭育儿综合支持网络，引导各类专业机构服务下沉到社区和家庭，更积极、主动地为家庭育儿提供专业指导与服务。建立权威科学的育儿知识传播普及体系，帮助家庭提高育儿能力。加强宣传引导，营造支持家庭育儿的公共环境和社会氛围。

健全促进工作与生活平衡的劳动力市场政策。合理规范产假的期限，建议从全国范围内规范延长期产假的时长，产假期间的津贴纳入生育保险支付范围。延长陪产假，增设育儿假，由生育保险、雇主和个人共同分担相关成本。加强对劳动者基本权益的保障，特别是保障劳动者的就业权、休息权。鼓励用人单位提供休假、灵活工时及看护服务等更多育儿便利。

　　加快建立家庭综合收入补贴政策。尽快建立针对 0 ~ 6 岁儿童普惠型的儿童津贴制度。加大对多孩家庭的住房政策倾斜力度，减轻多孩家庭的住房压力，满足多孩家庭改善住房需求。个人所得税抵扣覆盖养育子女从出生到学历教育的全阶段，将 3 岁以下婴幼儿照护服务费用纳入个人所得税专项附加扣除。对未达到个人所得税标准的低收入有孩家庭直接进行现金补贴。

三、生育支持政策的国际实践及启示

（一）生育率走低成为近些年多个国家面临的共同问题

　　从世界主要国家人口变化基本历程看，随着经济社会发展，各国人口基本都在经历了从"高出生、高死亡、低增长"变为"高出生、低死亡、高增长"的第一次人口转变后，进入"低出生、低死亡、低增长"的第二次人口转变。进入 20 世纪 70 年代之后，随着总和生育率[①]的不断降低，在老龄化不断发展的同时，少子化[②] 逐渐成为不少发达国家不得不面对的又一个人口领域的重大挑战。

　　虽然导致不同国家出现少子化的原因不尽相同，但这些国家面临的结果却极其相似，即生育水平逐步走低并长期维持在较低的水平上[③]。过低的生育水平导致了一系列人口和经济社会问题，最直接的是人口老龄化和劳动力的短缺。针对一些国家出现的低生育水平长期持续的情况，研究界提

---

　　① 总和生育率（Total Fertility Rate，TFR），可以理解为按照当前的生育水平，平均每个妇女一生中生育孩子的数量。

　　② 少子化可以理解为总人口中0 ~ 14岁少儿人口比重下降的过程，与之对应的老龄化则指总人口中65岁及以上老年人口比重提高的过程。

　　③ 根据可能产生的人口及经济社会后果，人们习惯根据总和生育率的具体数值将生育水平做出不同的划分，1.5 ~ 2.1为低生育水平（Low Fertility），1.3 ~ 1.5为很低生育水平（Very Low Fertility），1.3以下为极低或超低生育水平（Lowest-Low Fertility）。

出了"低生育率陷阱"①的概念。在具体阈值上，基于对低生育水平国家的情况分析，人们普遍认为，一个国家和地区想把总和生育率从 1.3 或 1.4 提高到 1.6 以上是很困难的，因此需要尽力去阻止总和生育率降低到 1.5 以下的临界水平②。

图 2 给出了德国、法国、英国、美国、日本、俄罗斯、新加坡等 10 个国家自 1960 年至 2019 年的总和生育率变化情况，呈现 4 个方面的特点。一是自 20 世纪 60 年代至今，这些国家的总和生育率均呈现出自高向低的变化。1960 年时，总和生育率均高于 2.1 的更替水平，其中最高的韩国为 6.10，最低的日本为 2.00；2019 年时，总和生育率均低于 2.1 的更替水平，其中最高的法国为 1.87，最低的韩国仅有 0.92。二是当前各国的总和生育率之间存在明显差异。从区域看，欧美国家总和生育率普遍高于亚洲国家，欧美国家中从高至低分别为法国 1.87、美国 1.71、瑞典 1.70、英国 1.65、德国 1.54、西班牙 1.24；亚洲国家中日本 1.36、新加坡 1.14、韩国 0.92，此外，俄罗斯为 1.50。三是变化幅度有着明显差异。60 年间降幅从高至低依次是：韩国 5.18、新加坡 4.62、美国 1.94、西班牙 1.62、英国 1.04、俄罗斯 1.02、法国 0.98、德国 0.83、日本 0.64、瑞典 0.47。四是变化模式存在不同。一些国家呈现出持续下降趋势，比如韩国从 6.1 几乎呈直线下降趋势一直降到了 0.92，新加坡也呈现近似的持续下降趋势，但另一些国家在这期间呈现出不断反复的情况，比如瑞典和美国在进入 1980 年之后、法国在 20 世纪 90 年代后期、日本在 2006 年之后都经历了总和

---

① 低生育率陷阱（Low Fertility Trap）这一概念最早是 2005 年由奥地利科学院维也纳人口研究所主任卢茨等人提出，这一提法认为，当生育水平降低到一个较低范围，会长期持续，如果不采取有力措施，将处于一个不良循环状态。详见 Woffgang Luts, Vegard Skirbekk, "Policies Addressing the Tempo Effect in Low-Fertility Countries," Population and Development Review 31 (2005):703–723.

② McDonald, "Low Fertility and the State: the Efficacy of Policy," Population and Development Review 32 (2006): 485–510.

生育率逐步回升的变化。

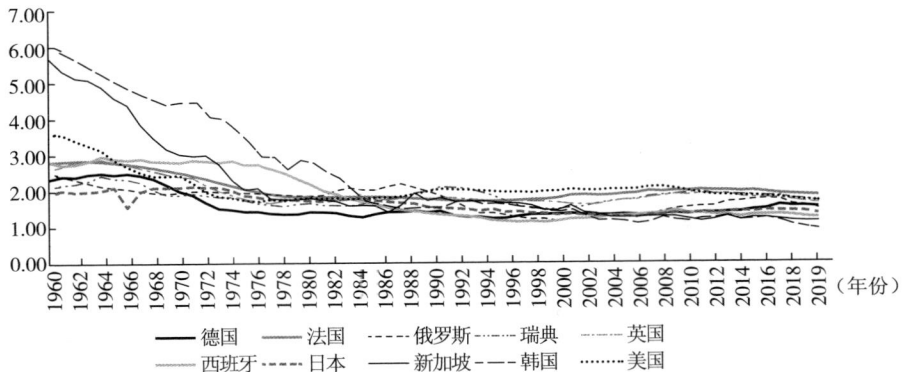

图2　1960—2019年世界十国总和生育率变化情况

资料来源：联合国数据库。

生育率变化的背后，既有经济社会环境和文化价值观念变化的影响，也有政策措施的作用。特别是各国在过去60年中出现的总和生育率的反复，在很大程度上得益于各国当时出台的鼓励生育的措施。

面对持续的低生育水平，很多国家采取了积极鼓励生育的政策。联合国《世界人口政策2009》中的数据显示，截至2009年，过半数生育率低于2.1的更替水平的国家已经采取鼓励生育政策，具体措施包括发放生育津贴、减免税收、延长带薪产假、实行弹性工作制度等多种措施。当生育率降至1.8以下时，66%的国家已出台鼓励生育措施；当生育率降至1.6以下时，鼓励生育的国家占比增至83%。

（二）各国实施鼓励生育政策的背景和轨迹变化存在显著不同

从大的分类看，鼓励生育可以看作家庭政策的组成部分。对于家庭政策分类，研究界给出了不同的划分模式。比如，有研究者从国家、家庭和市场角度把20世纪80年代发达国家的家庭政策分为自由主义、保守主义和社会民主主义 3 种模式①，另有研究从国家与家庭的关系角度区分了欧洲 4 种类型的家庭政策，即丹麦的平均主义家庭政策、法国的亲家庭主义和鼓励生育的家庭政策、德国的传统主义家庭政策，以及英国的亲家庭、不干预、基于收入调查提供有限支持的家庭政策②。这些划分，根据政策内容及实施条件所作，随着环境变化，也在不断进行调整。

1970 年，德国总和生育率开始低于更替水平，1975 年降至 1.45，成为发达国家中总和生育率最早低于 1.5 的国家。1996 年，德国总和生育率降至 1.30，自此德国开始投入大量资金并相继出台了一系列鼓励生育政策。2002 年提出了可持续家庭政策、2007 年引入低龄儿童托儿所和与收入相关的育儿休假制度，以减轻工作—家庭矛盾，提高生育水平。

相比德国，法国在过去 60 年中总和生育率维持得更好，从鼓励生育角度判断，是相对成功的国家。20 世纪 60 年代法国和德国的生育水平差距在 0.3 ~ 0.4 之间，但之后法国的生育水平同德国逐渐拉大至 0.5 ~ 0.6 之间。1975 年，法国总和生育率降至 2.09，低于更替水平，之后持续下降，于 1993 年降至 1.73 的历史低位。自 1990 年开始，法国陆续出台系统化的鼓励生育政策，从强化产假、推进现金补贴和提升儿童保育水平等综合措施入手，降低生育相关成本。20 世纪 90 年代后期，法国生育率出现恢复态势，于 2010 年升至 2.03，近些年虽有所下降，但始终保持在 1.8 以上。

由于地理等环境因素影响，长期以来，俄罗斯一直积极实施鼓励人口生育的措施。20 世纪俄罗斯的生育水平一直维持在 2.0 左右。自 1990 年开始，俄罗斯的总和生育率降至 1.89，之后迅速下降，到 1999 年降至 1.16 的历史低点。自 2000 年开始，俄罗斯强化了鼓励生育的相关政策，先后

---

① Gøsta Esping-Andersen, The Three Worlds of Welfare Capitalism. Princeton：Princeton University Press，1990.

② Anne Helene Gauthier，The State and the Family：A Comparative Analysis of Family Policies in Industrialized Countries. Oxford：Clarendon Press，1996.

制定了《母亲法》《健康规划》《2015 年人口政策构想》《2025 年前人口政策构想》等一系列人口政策，推动各级政府强化相关政策措施的落实。2008 年，俄罗斯总和生育率恢复至 1.5，之后继续提升至 2015 年的 1.78。但近些年，俄罗斯的总和生育率再次进入下降轨道，至 2019 年再次跌至 1.5。

瑞典作为高福利国家的代表之一，其完备的家庭政策中也融入了较多的育儿支持成分，助推了瑞典总和生育率在过去 60 年中的波浪式变化，并相对保持较高的生育水平。瑞典总和生育率在 1968 年降至 2.1 的更替水平之下。进入 1970 年后，面对生育率的继续下降，政府通过高福利的家庭政策，使瑞典总体保持了较高的生育水平。1983 年，瑞典总和生育率在达到 1.61 的低位后开始总体上升，并于 1990 年达到 2.13。1990 年后，总和生育率在降至 1998 年和 1999 年的 1.5 后开始上升，并于 2010 年恢复至 1.98。近些年，瑞典的总和生育率虽然又开始下降，但总体仍然相对较高，2019 年为 1.7。

作为南欧国家的代表之一，西班牙更多地将生育问题放在家庭内部解决，政府采用了基本不干预的姿态。1981 年，西班牙的总和生育率降至 2.04，降至更替水平之下，之后进一步下跌至 1998 年的 1.13，尽管后来有所回升，但总体上一直保持在较低水平上。自 1987 年开始，西班牙的总和生育率一直保持在 1.5 的生育水平之下，到 2019 年为 1.24。面对持续下降的生育水平，虽然西班牙自 2000 年开始采取政策进行应对，但整体上的干预度依然较低。从出台的政策看，多数和职业相关，政策的碎片化程度较高。从推进的服务内容看，总体上采用了公共服务和私人服务相结合的方式，家庭的职责依然重要。

同欧洲国家不同，亚洲发达国家在过去 60 年中总和生育率的变化呈现出三方面特点。一是历史起点更高，同欧洲国家不到 3 的总和生育率相比，亚洲国家的总和生育率起点更高，一般在 5 左右。二是总和生育率低于更替水平的时间比欧洲更晚。三是同欧洲国家总和生育率的反复不同，亚洲发达国家总和生育率基本都延续了直线下降态势，下降的幅度更大。

1974 年日本的总和生育率降至 2.05，低于更替水平后持续下降，自 1992 年之后，一直保持在 1.5 的低生育水平之下，到 2005 年降至 1.26 的历史低位，之后有所回升但整体依然维持在较低水平，到 2019 年为 1.36。从 1990 年开始，以应对少子化为目的，日本将实现家庭和工作的平衡作为重要政策方向，不断完善产假制度、强化生育津贴、扩充儿童公共托育服务。

相比日本，新加坡的总和生育率变化更加凸显出下降的剧烈性以及低生育水平的长期性。从 1960 年的 5.76 到 1976 年的 2.11，新加坡在一个高度压缩的时间内完成了生育率的迅速下降。自 1977 年开始，新加坡的生育水平进入了一个持续下降的时期，进入 2000 年之后，这一趋势更加明显，从 2000 年的 1.6 逐步下降至 2019 年的 1.14。面对持续下降的生育水平，新加坡从 20 世纪 80 年代中后期开始逐步调整了公共政策中针对生育政策的方向，从抑制生育走向鼓励生育。

与新加坡类似，韩国的总和生育率也经历了一个迅速下降的过程，并在此后长期维持在低水平上。1960 年韩国的总和生育率为 6.1，到 1983 年降至 2.06，低于更替水平，1998 年降至 1.46，低于 1.5，2002 年降至 1.3 后长期维持在低于这一水平的状态，到 2019 年进一步跌至 0.92。面对这一状态，韩国从 1996 年开始放弃了人口控制政策，转为实行鼓励生育的新人口政策。

相对于前述欧洲和亚洲这些国家，美国的生育率总体上处于相对较高水平。1960 年，美国的总和生育率为 3.65，到 1972 年降至 2.01，低于更替水平，但之后美国的总和生育率一直保持在 1.8 左右。20 世纪 80 年代后期，美国总和生育率出现上升并于 1989 年达到了 2.01，之后 20 年内一直保持在 2.0 左右。自 2010 年后，美国总和生育率再次出现下降，但依然保持在较高水平上，到 2019 年美国生育率为 1.71。得益于生育水平总体相对较高以及大量的外来移民的补充，美国对生育总体采用不干预的模式，国内生育辅助政策相对欠缺，各州的差异很大，政策也呈现出明显的碎片化特征。

（三）鼓励生育政策的国际做法

从政策推进实践看，世界各国鼓励生育的做法主要集中于提供育儿津贴、扩充产假、强化托管、提供就业支持等 4 个方面。

1. 实施育儿津贴支持

为减少养育子女带来的家庭支出增加的问题，大多数国家都实施了育儿津贴支持，支持力度随子女数增多逐步提升，且随着生育率的下降，这些国家的育儿支持水平近些年也在不断提升。

在德国，2016 年起，政府为家庭中每个孩子每个月提供津贴。当前，政府为每个家庭的第 1 个和第 2 个孩子提供每月 204 欧元的津贴直至孩子满 18 周岁，第 3 个孩子每月津贴为 210 欧元，第 4 个及之后的孩子每月津贴增至 235 欧元。同时，政府也提供最短 2 个月、最长 12 个月的父母津贴，额度相当于其收入的 2/3，最低不少于 300 欧元，最多不超过 1800 欧元[①]。

在法国，政府为每个有孩子的家庭提供家庭津贴，2 个孩子的家庭每个月得到 132 欧元的津贴，3 个孩子的得到 301 欧元，4 个孩子的得到 471 欧元。除此之外，生育孩子会一次性奖励 949 欧元，并且根据家庭收入每

---

① Germany–Employment, Social Affairs & Inclusion–European Commission. Accessed 6 September 2021.

个月提供 172 欧元或 86 欧元的育儿津贴，直到孩子 3 岁为止。如果父母都减少了工作，他们可以申请额外的津贴，最高达到每月 399 欧元 [①]。家庭津贴的计算遵循占家庭收入的一定比例计算，2019 年 4 月设定为 413.16 欧元，每年 4 月 1 日会进行重新计算。

在俄罗斯，政府对育儿提供一揽子的支持补贴，其中包括针对 12 周之内登记的孕妇提供一次性早期补贴、孩子出生时提供的一次性补贴、对服役军人配偶怀孕提供的一次性补贴、到 18 个月之前提供的每月育儿补贴、对低收入家庭提供的每月育儿补贴直至孩子 16 岁、对服役军人子女提供的每月补贴等 [②]。

在瑞典，自 1948 年以来一直实行儿童津贴制度，如果生育超过 1 个孩子，还会得到额外的家庭补助。当前育儿津贴包括儿童津贴、延长儿童和学习津贴及孕期现金补助等多项补贴。儿童津贴一个孩子每月 1250 克朗，如果监护人为两名则父母各 625 克朗。孩子出生后父母自动获得该项福利直至孩子满 16 周岁。延长儿童津贴和学习津贴都是每月 1250 克朗，也是自动获取，学习津贴由瑞典学生金融董事会支付。在孕期现金补贴上，孕妇可以得到相当于工资 80% 的补贴 [③]。

在日本，政府 2012 年对 1971 年实行的儿童补贴法案进行了重新修订，自 2012 年 4 月开始，对有子女的家庭以儿童津贴方式提供补贴。补贴对象为有孩子的家庭，补贴至孩子满 15 岁后的第一个 3 月末。补贴标准为低收入人群 3 岁以下每个孩子每月补贴 15000 日元，3 岁到中学每月 10000 日元（从第 3 个孩子开始每月 15000 日元），高中生每月 10000 日

[①]　France–Employment，Social Affairs & Inclusion–European Commission. Accessed 6 September 2021.

[②]　Angloinfo，Child Benefit in Russia–Russia. Accessed 5 September 2021.

[③]　Sweden–Employment，Social Affairs & Inclusion–European Commission. Accessed 6 September 2021.

元；高收入人群统一每月 5000 日元补贴①。2015 年，为了减轻低收入家庭父母的负担，除了将幼儿园保育费从每月 9100 日元降低到 3000 日元之外，对幼儿园、保育所等的保育费制度进行了扩充和完善，第 2 个上幼儿园的孩子费用减半，第 3 个孩子免费。

2. 不断充实育儿假

为确保女性生育期间能获得充足的经济支持安心育儿，不断充实育儿假制度成为各国措施发力的重要领域。

在德国，育儿假为产前 6 周和产后 12 周。产假期间雇员根据其上个月的工资获得就业补助，每天最多获得 13 欧元的补助。怀孕后，孕妇会从自己的医生那边领取一张育儿证，该证包含了孕妇所有医疗检查的信息。成人教育中心、健康保险公司和其他机构会对准妈妈和准爸爸提供免费课程讲述如何育儿，包括怀孕、生育和带子女生活中的各项注意事项及父母的权利和义务。孕妇和新妈妈还将享有医生和助产士提供的各项辅助及居家照护。

在法国，雇员享有 16 周的产假，分为产前 6 周和产后 10 周。母亲最少使用 8 周产假，同时男性拥有 11 天的陪产假。产假、领养假或陪产假津贴的金额等于产前假前 3 个月的平均收入，最高可达社会保障规定的季度限额（10284 欧元）②。围绕孕期女性检查、治疗等多个环节，生育保险还给予了强力支持。比如，从第 6 个月开始，孕妇不需要再支付每次 1 欧元的就诊费，使用的药物和所作的干预等费用也采用免费方式。在怀孕期间，只要没有从事有收入的工作，所有的医疗费用会给予现金补偿。男性在育儿假期间，也会得到现金补偿。

---

① A 2018 Declining Birthrate White Paper（Summary）– Cabinet Office Home Page. Accessed 2 September 2021.

② France–Employment，Social Affairs & Inclusion–European Commission. Accessed 6 September 2021.

在俄罗斯，劳动者一般享有 140 天 100% 带薪的产假，分为产前 70 天和产后 70 天。如果是多胎或出现复杂情况，该假期最多可增加至 194 天，分为产前 84 天和产后 110 天。产假最终获得的薪酬不能超过 34583 卢布[①]。

在瑞典，家长在孩子出生后享有 480 天的带薪产假，父母每人可以分到 240 天[②]。如果孩子是在 2016 年或之后出生，父母每人会有 90 天保留的独享假期，如果个人决定不接受这个保留的独享假期，这个时间不能转给配偶。

在日本，和育儿相关的休假分为产前假、产后假及育儿假 3 类。在预产期的 6 周前可以申请产前假，在双胞胎的情况下可以提前 14 周休产前假。产后假从分娩后的第 2 天算起共 8 周。如果在产后第 6 周向医生提出申请，也可以提前回到工作岗位。育儿假是指孩子幼小时由于照顾需要休的假期。在上小学之前，如果是 1 个孩子的家庭，每年可以有 5 天时间作为照护用的假期，如果是 2 个及以上孩子的家庭，可延长至 10 天。为鼓励男性参与育儿，多次修订《育儿照护休假法》，不仅女性可享受 14 周产假，也鼓励丈夫在子女出生后 8 周内休假，且该假期不算在育儿假内。

3. 提供完善的托管服务

托管服务是为鼓励生育，国家集中采取措施的第 3 个领域。在这一领域，各国不断扩充托育中心的数量，并不断提升其质量。

在德国，政府在 2008 年耗资 32 亿欧元建立了 56 万个托育中心。自 2013 年德国扩张托育中心之后，每个 1 岁以上的孩子都有权得到日托中心的服务。中央、州和地方政府的目标是在全国范围内提供基于需求的、

---

① Angloinfo，Maternity Leave and Benefits in Russia–Russia. Accessed 5 September 2021.

② Sweden–Employment，Social Affairs & Inclusion–European Commission. Accessed 6 September 2021.

高质量的托幼场所。近些年，修建更多针对 3 岁以下儿童的托幼场所成为重点。在托幼机构扩张过程中，政府对提升人员素质给予了充分重视，同时也采取措施确保全国范围内的质量均衡。此外，到 2025 年之前，小学阶段的儿童获得全天照护将有望成为一项法定权利。在中央层面，家庭事务部持续改善儿童早期教育状况，大力支持各州创建更多的日间照料场所，改善儿童照料质量，实施了不少针对这些日间照料中心的资金支持。

在法国，育儿支持相关政策经历了 4 个发展时期。在 1970 年之前，政策主要鼓励男主外、女主内的模式，实施的措施主要包括 1946—1970 年之间针对只有一个人工作的家庭实施税收减免；1970—1980 年，政策逐步向支持提升母亲劳动参与率转变，1972 年废除了对单一挣工资家庭提供的津贴，对有从事工作的母亲的家庭实行育儿津贴；在 20 世纪 80 年代发展公共育儿服务，在 1985 年对有 3 个及以上子女离开职场专职育儿的女性提供父母教育津贴；到 20 世纪 90 年代，政策开始鼓励育儿的多样化及发展针对集体和个体育儿服务提供公共补贴，政府对家庭用于雇用育儿照护人员的费用提供支持，税收当中也加上了育儿费用抵免，与此同时，针对家庭提供的父母教育津贴在 1994 年被扩充至有 2 个孩子的妈妈，2004 年进一步扩充至有 3 个孩子的妈妈；自 2000 年后至今，政策开始更多强调家庭的多样化需求。当前，法国 48% 的 3 岁以下儿童都进入政府提供的托儿所中，平均每周出勤时间为 31 小时。儿童保育和早期教育服务的支出占 GDP 的 1.1%，高于经合组织 0.7% 的平均水平。但需要指出的是，受父母在劳动力市场中的状况及家庭收入水平的影响，育儿安排呈现出高度的分层化特点，各地之间也存在着明显差异。

在瑞典，政府提倡可负担的育儿，即当度过产假后大部分父母能够选择继续回到职场工作。当孩子满 1 岁时他们就有权进入幼儿学校。大部分孩子会在某个时点进入幼儿学校一直到 6 岁时的秋季，之后进入义务教育阶段。学生在幼儿学校和义务教育阶段一直享有政府的津贴，确保家长可以回到工作岗位 ①。幼儿学校根据家长的收入收取费用，实际上 80% 的托儿所费用由公共财政负担。针对 6 ～ 19 岁学龄期的小学到高中都是免费的公立学校，大部分提供午餐。孩子完成义务教育后，若继续深造还享有学习津贴。对于家中 12 岁以下孩子生病需要请假提供照顾的父母，瑞典社会保险机构还会提供一定的补偿。包括生育在内的医疗保险都有税收的支持，以减免居民的负担。

在日本，政府通过修建覆盖产前、产后护理，母婴心理保健，怀孕咨询等服务的家长综合支持中心对育儿进行综合支持 ②。近些年，政府在不断增加中心数量的基础上，对这些综合中心的职能也在进行不断完善。2016 年，政府通过实施《儿童福利法》部分修订案将综合支持中心纳入到《母婴保健法》当中，并在同年 8 月建立了业务指南。到 2017 年 4 月 1 日，家长综合支持中心数量已经达到了 1106 个，分布在 525 个市町村当中。

4. 实施就业支持政策

针对育龄期女性实施更加弹性的就业支持，是各国推进鼓励生育措施的另一领域。除此之外，一些国家还积极探索通过社会宣传等方式强化对家庭生育子女行为的激励。

---

① Sweden-Employment，Social Affairs & Inclusion-European Commission. Accessed 6 September 2021.

② A 2018 Declining Birthrate White Paper（Summary）– Cabinet Office Home Page.Accessed 2 September 2021.

（四）鼓励生育的国际做法

从国际发展情况看，只要一个国家完成工业化，进入城市化发展阶段，大多会经历生育率降低的趋势。这既有现代社会中孩子的经济效用降低的影响，也与女性受教育水平提升对职业有更高的追求有关。此外，一些国家的研究还证实，对于有子女家庭的政策不够友好，也是导致生育率下降的重要原因。世界各国推行鼓励生育政策的实践，能够提供如下3点启示。

一是教育费用补贴往往能够发挥更加积极的作用。部分国家在大学基本免费基础上，还提供了可及性很高的教育贷款，对降低家庭子女教育费用支出压力作用明显。

二是多数国家的育儿津贴支持力度有限。为了鼓励生育，不少国家和地区针对儿童和家庭出台了现金补贴政策，通常以现金福利、家庭税收优惠等方式进行。尽管一定的资金支持可以减轻家庭负担，但与整个养育成本相比，这些资金提供的支持有限，未能很好地抵消养育子女的成本压力。

三是过长的产假反而有可能带来危害。国际劳工组织制定的《保护妇女生育公约》规定，产假的最低标准是14周，且产假期间应提供不低于母亲平时收入的2/3的现金福利，公约中同时规定了产假结束后女性有权回到休假前的岗位，或者是相同工资的相似岗位。从强化育儿假的各国情况看，产假延长有利于减轻家庭育儿时期的压力，但过长的产假，尤其是没有相应职业保护制度的产假，容易导致女性自身职业发展受阻。

四、对我国生育相关各领域家庭发展支持政策的
分析及建议

（一）生殖和母婴健康支持服务体系

完善生殖健康和母婴健康支持服务体系，一是有利于减少生殖健康问题，降低不孕不育患病率，保护生育力，避免"想生生不出"；二是有助于降低生育养育负担，提升生育体验，提升女性生育意愿；三是有助于提升出生人口素质，提升儿童健康水平，增强人力资本。在优化生育政策体系中，应着力完善生殖健康和母婴健康支持服务体系。

1. 生殖健康和母婴健康服务中的主要短板

一是生育服务成本较高且分担机制尚不完善，无痛分娩、心理健康等服务短板明显。其一，当前我国生育服务成本较高，城镇职工生育保险惠及人口较少，居民医疗保险中对生育服务的保障水平更低，对部分群体而言费用负担仍然较重，且不利于形成鼓励生育的氛围。国际上为鼓励生育，多数国家免费提供含孕前检查、住院分娩等服务在内的生育服务。其二，我国产科同时存在总量不足和资源错配的问题，部分基层产科业务量难以维持科室运转的同时，大医院产科一床难求的情况仍然存在。其三，由于麻醉医师不足、缺乏激励机制、产妇及其家属认知不足等原因，无痛分娩等技术推广不足，生育体验不佳，剖宫产率仍维持高位，使得后续生产的合并症风险提高。其四，孕产妇心理健康问题突出，生育全程抑郁检出阳性率高达约25%，但心理健康服务不足。

二是育龄人群不孕不育患病率高，防控体系和辅助生殖服务尚不完善。我国育龄人群中不孕不育发生率高达18%，较2007年的11.9%上升明显，生育力保存亟须关注。从三级预防的角度看，第一，生殖健康服务不足，尤其是青少年和流动人口群体，人工流产、重复流产等发生率高，

肿瘤患者等特殊群体的生育力保存服务尚不完善。第二，不孕不育整体诊疗路径尚不明确，我国不孕不育治疗率仅为 46.5%，低于全球 56% 的平均水平。需采用辅助生殖的患者平均要 2.7 年才能真正进入流程，许多必须采用辅助生殖技术才有可能增加怀孕概率的患者总被滞留在其他治疗方法中，极大增加时间和经济成本。第三，辅助生殖服务良莠不齐，质量控制不足，对机构服务能力和服务质量的评价体系单一，退出机制不完善，成本高昂，患者经济负担沉重。

三是儿童健康水平需进一步提高，医疗保障尚不完善。做好儿童医疗保障是减轻养育压力的重要组成部分，在出生儿童数逐年减少的当下，有利于做好人力资本储备。主要问题在于，我国当前针对儿童主要疾病谱的预防工作不完善，出生缺陷防控还需进一步加强，母乳喂养仍然不足，溺水、道路安全等伤害问题成为儿童的主要死因，儿童超重肥胖、近视检出率逐年上升，肺炎、流感等疫苗可预防疾病负担仍然沉重。从医疗保障上看，儿童医疗费用保障主要在城乡居民医疗保险中解决，疾病特点又以门诊诊疗为主，基层儿科资源不足使报销比例进一步降低，导致儿童的报销水平低于普通居民的水平，多层次医疗保障体系间的衔接不足。儿童用药短缺问题仍然突出，儿童专用药品种少、缺乏适宜儿童的剂型和规格，儿童用药信息不足，影响儿童用药规范性和安全性。儿科医疗资源不足，就诊量主要集中在三级医院或专科医院，大医院儿科人满为患，但很多基层机构几乎难以提供儿科服务。儿童康复体系不完善，不同机构的水平参差不齐，儿童康复医师和治疗师队伍的数量、质量及分布等不能满足快速发展的儿童康复需求。

2. 完善生殖和母婴健康支持服务体系的政策建议

一是合理优化服务资源和衔接机制，提升孕产妇生育体验。建议一要以新婚夫妇为核心，针对其不同阶段的生育需求提供全流程建档跟进的针对性生殖及生育服务。二要更好推广无痛分娩，提升孕产妇生育体验，为多胎生育提供更好保障，可借鉴美国经验，合理优化麻醉医师劳动结构，增加麻醉师等辅助人员岗位设置，探索不同层级人才的培训、考核、管理方式，降低培养和供给难度，满足无痛分娩需求。三要完善孕产妇心理健康服务体系，定期开展孕产妇心理健康问题的筛查和识别，加强相关科室人员心理危机识别意识，完善产科医生与心理医生、精神科医生的合作机制，及时开展干预。

二是完善生育费用保障机制。建议拓展生育医疗待遇项目，为低收入群体提供生育服务补贴，探索试点区分生育津贴与生育医疗待遇，打破从业性质的限制，建立覆盖不同群体的统一生育医疗保障制度，条件成熟时，整合生育保险、医疗保险、基本公共卫生服务等经费，优化临床路径，提供基本免费的生育服务。

三是规范不孕不育诊疗工作，做好育龄人群生育力保护。建议一要促进健康生活方式，在积极支持生育的背景下继续高度重视生殖健康服务，控制无痛人工流产的夸大性宣传，完善人工流产服务流程，做好术前术后宣教，将生育力保护的观念融入对生育相关科室的培训及考核中，加强多学科合作，对确有生育力保存临床需求的育龄人群（如会影响生育能力的肿瘤患者），合理放开冷冻卵子等辅助生殖技术限制。二要明确建立不孕不育诊疗路径和质量控制体系，依托基层相关机构、医院、科室加强孕产咨询指导，加大筛查力度，为确有需求的患者提供转诊服务。三要合理认定当前不孕不育检查中符合疾病诊断治疗和医保报销要求的项目，避免将生殖中心相关服务"一刀切"地排除在医保支付范围外，减轻诊疗负担。

四是从供需两方面入手，提升辅助生殖技术应用水平。从供给侧看，一要合理确定辅助生殖资源配置，完善对辅助生殖机构的评价和退出机制，实现机构动态调整。二要建立辅助生殖技术评价数据登记系统，做好数据收集和质量评价工作，引导辅助生殖机构更好地提升自身技术水平，提升辅助生殖成功率，减轻患者负担，同时也能帮助患者做好决策，合理就医。三要明确辅助生殖并非常规需求，仍应合理规划，严格技术审批，避免辅助生殖技术滥用，可通过强化分级诊疗，合理利用远程诊疗，建设供需平衡、布局合理的人类辅助生殖技术服务体系。四要鼓励药品、设备等的国产替代，加强辅助生殖医务人员的培养，降低成本，提高成功率。从需求侧看，一要建立完善不孕不育的整体诊疗路径。二要多措并举，降低辅助生殖负担。国际上，通常是设置明确标准，符合标准的不孕不育夫妇的辅助生殖费用由政府财政出资补贴。我国可考虑将合理的与疾病治疗本身密切相关的检查费用纳入医保报销范围，探索设置公益基金，政府投资撬动，鼓励社会参与，条件成熟的地区，可借鉴国际经验，探索设置明确的标准，对符合标准的育龄夫妇提供适当的补助。

五是从三级预防入手，做好儿童健康促进。一要完善优生优育服务体系，增加遗传咨询服务供给，增强产前无创基因检测等服务的可及性，总结地方民生工程经验，将条件成熟的服务纳入免费服务范畴，提升筛查效率。根据疾病谱的变化，合理调整新生儿疾病筛查病种，并做好筛查后的跟踪管理。二要优化国家免疫规划，保障西部地区、农村地区免疫规划经费，研究将具备良好成本效益的、产能充分的疫苗纳入免疫规划，多渠道筹资，提高二类苗的覆盖率。三要加强儿童营养，做好健康教育，着重技能提升，规范婴幼儿奶粉的促销和不当宣传，做好儿童肥胖控制。

六是完善儿童医疗保障政策，减轻家庭医疗成本。我国应借鉴国际经验，稳步提高儿童保障水平。当前，一可考虑降低儿童基本医保起付线、提高报销比例和封顶线，鉴于儿童服务多数在门诊，应完善门诊统筹制度，提高基本医保门诊报销水平。加强制度衔接，有效引导慈善资源，研究解决儿童大病医疗费用的分担方式。二可探索借鉴德国模式，将儿童随监护人纳入职工医疗保险体系，提高保障水平。三可依托区域儿童医学中心深化专科医联体建设，增强全科医生提供简单儿科服务的能力，完善儿科医生激励机制。四可完善儿童用药保障，鼓励儿童药品研发，提升儿童用药临床试验水平，规范儿童用药行为，提供儿童用药服务，并将少数临床必需但用量小、市场供应短缺的药品纳入招标定点生产范围，保障药品供应。五可提升儿童康复服务可及性和覆盖面，提高儿童康复专业人员的服务能力和服务水平，构建标准化的儿童登记注册网络监测体系，加强儿童康复服务规范，支持国产儿童康复辅助器具的研制与应用。

（二）托育和教育领域的社会化服务水平[①]

1. 育儿成本过高是抑制生育意愿的主要因素

一是社会化托育服务严重不足。在家庭规模逐步小型化、女性受教育程度和劳动参与率不断提高的情况下，家庭育幼越来越受到工作时间、生活成本、机会成本等因素制约，城乡家庭对社会化托育服务的需求越来越强烈。但社会化托育服务供给严重不足，托幼机构普遍"小散弱"，监管缺失、收费较高、内容不规范，幼儿人身安全、食品安全和服务质量得不到有效保障。

二是公益性学前教育服务短板较大。政府举办的公办幼儿园占比仍较低，且存在缺乏稳定财政经费保障、投入体制机制不健全等突出问题，一

---

　　① 本部分引自佘宇、单大圣：《制约生育潜能释放的成本因素及社会支持措施》，《行政管理改革》2021年第9期。

部分学前教育服务是由政府支持下的收费较低的民办园提供，保教质量总体不高。在边远农村地区，学前教育普及的基础更为薄弱，特别是公办园不入村、乡镇民办园收费较高、家庭能力有限、家到幼儿园距离远等导致低收入家庭儿童无法入园。

三是教育机会不均衡加剧民生焦虑。基础教育虽已基本普及，上学难、上学贵的问题也初步解决，但由于高等教育单一的考试选拔制度尚未根本改变，职业教育人才培养与社会需求脱节，导致基础教育的应试升学倾向越来越强，加上城乡、区域、学校、群体间基础教育优质资源配置不均衡，使得教育的竞争性、选拔性、淘汰性也越来越强，不断加剧家长对子女学习成绩和考试升学等问题的焦虑。

四是儿童和家庭发展的公共政策支持力度弱。专门针对儿童的公共政策，只有特殊儿童（孤儿、残疾儿童等）保障措施以及免学费、营养餐、学生资助等政策，家庭支持政策仅限于低保、住房保障等，且没有考虑无子女、单子女、多子女等差异化情况，儿童公共服务设施缺乏且高度碎片化，这在家庭功能不断弱化的情况下，难以针对性缓解过高育儿成本的实际困难。

2. 加快扩大社会化托育服务资源

一是扩大家庭育儿的指导、支持等服务。将家庭育儿指导纳入社会公共服务内容，积极扩大公益性育儿指导资源，探索建立公益性育儿指导服务机构，开发育儿指导公益平台和课程资源，提高家庭科学育儿素养和能力。综合采取补贴、奖励、购买服务等扶持措施，积极培育家庭教育服务机构。加强资源整合和统筹协调，开展婚前保健、孕产期保健、儿童保健、预防接种、安全防护、疾病防控等服务。

二是扩大社区托育服务供给。充分发挥城乡社区公共服务设施的婴幼儿照护服务功能，通过场地和硬件支持、购买服务等，支持专业服务机构依托社区加强网点建设，提供就近的全托、上门、短时托管、突发情况救护等多元化服务。针对边远农村地区，可依托已有公共设施甚至闲置用房，设置或"嵌入"儿童发展中心，或采用社区中心模式或入户家访模式，提供养育辅导服务。

三是统筹推进托育服务机构建设。充分考虑各地国土空间规划、服务人口和半径等情况，通过新建、改扩建等多种方式，统筹托育服务设施数量、规模和布局，构建公办机构示范指导、普惠性机构基本保障、非普惠性机构多元补充的托育服务基本格局。发挥中央预算内投资的引导和撬动作用，主要向中西部地区、农村地区倾斜，地方各级政府要履行好托育服务建设投入的主体责任。

四是多渠道扩大托育托管资源供给。在扩大普惠性教育资源过程中，同步推动公办教育机构服务范围向托育领域延伸，将教育、托育一体考虑，是扩大托育服务资源的又一条有效途径。鼓励支持工业（产业）园区、企事业单位、高校、妇幼保健机构、商务楼宇等利用自有土地或设施，以单独或联合举办的方式建设公益托育服务设施。

五是加强托育服务保障。加强托育行业监管，严格从业人员准入管理，加紧研究制定机构管理规范、从业人员资格标准和行为规范，加强安全、卫生、保健等常态化监管，强化行业自律、托育质量评价与监测。鼓励行业协会、社会组织和专业智库研制培训课程指导标准，依托公办托育服务机构和承担指导功能的示范性、综合性托育服务中心，实行定期培训和全员轮训制度。

3. 建设公平优质的学前教育体系

一是进一步发挥好公办园兜底线、补短板的主体作用。加强省级统筹，综合考虑人口数量结构变化和城镇化的进程，逐步提高公办幼儿园比例。加强城镇小区配套幼儿园建设并及时纳入属地行业管理。通过利用城市更新、产业结构调整腾退出的空间新建、改扩建幼儿园。加强政府财政保障和收费行为监管，实行全行业属地化管理。新增公办幼儿园重点加大对农村、资源短缺地区的支持力度。

二是引导民办幼儿园提供普惠性服务。坚持公办民办并举，综合采取政府奖励、购买服务、减免租金税费、水电气价格优惠、派驻公办教师、教师培训、办园指导及园所共建等措施，大力支持民办幼儿园发展；根据区域实际情况，在保障安全的前提下，适当调整或放宽现有的场地、面积等准入门槛，努力扩大学前教育资源供给。加紧推进民办幼儿园按营利性和非营利性分类登记、分类管理，采取分类扶持政策。

三是着力补齐农村学前教育短板。整合各项资金，设立专项，完善农村幼儿园布局，在中央财政支持学前教育发展资金中划定专门经费集中用于发展脱贫地区村级学前教育，重点增设村级公办园或幼教点。探索实行乡村公办园教师生活补助政策，吸引、稳住农村幼儿园教师队伍。对于边远农村地区，积极探索适宜的服务提供方式。

四是提高保教质量。制定公办幼儿园生均财政拨款标准、民办园补助标准，加大学前教育财政投入，形成完善的投入保障机制。严格落实幼儿教师专业标准、资格准入制度，保证工资按时足额发放、不同身份教师同工同酬，将所有幼儿教师同等纳入教师全行业管理；从整体上同步提高公办园、民办园教师待遇水平，拓展职业发展空间。将各类幼儿园均纳入学前教育质量评估体系，杜绝"小学化"倾向。

4. 深化教育综合改革，缓解教育焦虑

一是切实落实政府兜底线、保公平的责任。建立对地方政府促进教育公平的政绩考核制度，也就是在评价一个地区教育发展成绩时，不是看升学率的高低，而是看学校和学校之间的差距有没有缩小。将教育公平程度纳入对省级政府履行教育职责的督政内容，对落实不力的实行问责并督促

整改，推动各级政府切实履行促进教育公平的主体责任。

二是更大力度促进义务教育均衡发展。政府一方面要转变职能，真正做到公平公正，着重加强薄弱学校投入；另一方面要采取一些实招硬招，建立教师定期流动机制，将重点高中的招生指标平均分配到区域内初中。

三是推动高等教育和职业教育多样化发展。按照研究型、应用型、职业技能型对高校进行分类，实行有区别的投入和管理制度。根据高校自身优势打造特色、加强内涵建设、提高教育质量，真正培养出合格、适宜的人才。加大职业教育投入，坚持产教结合、校企合作，办出特色，强化实践导向，加大实践性课程比重，完善实习实训体系，增强人才培养对社会需求和就业的适应性。

四是优化教育结构和学制。探索将学前教育、普通高中教育逐步纳入免费范围，逐步过渡到义务教育，使绝大多数新增劳动力都能接受高中阶段教育。压缩一般性知识学习，更加注重创新精神、实践能力和个人潜能的培养。适当缩短基础教育年限，将职业教育的起始时间延长至高中阶段以后。

五是深化招生体制改革。在考试招生体制中，招生更带有根本性，考试是为招生服务的，是招生的手段。通过落实招生自主权、分类考试，激发中小学校教学活力，促进学生主动学习。

（三）更注重工作和家庭平衡的劳动力市场政策

改革开放以来我国经济保持了持续高速增长，快速实现了人口转型，预计未来我国将进入人口负增长时代。从国际经验看，经济发展往往会带来生育率的下滑，发达经济体普遍面临低生育水平的挑战。如何在一个较高的经济社会发展水平下保持生育率处于合理水平成为很多国家面临的挑战，其中，通过改善劳动力市场制度促进工作和家庭的平衡已经成为重要的政策工具。

1. 支持生育和家庭发展的劳动力市场政策体系应促进工作和家庭的平衡

各国政府逐渐认识到促进工作和家庭的平衡能够促进女性就业，并维持一个合理的社会再生产水平后，人口政策乃至家庭政策和社会政策都开始由男人养家糊口模式转向双薪家庭或成年工人模式。在更加平衡的模式中，父亲和母亲既是劳动者也是家庭照顾者。越来越多的研究已经证实，当前发达国家的女性"就业—生育"关系，不管是用劳动参与率还是就业率来衡量，都已在 1985 年后系统性地转变为正相关。

提供产假是"工作—家庭"友好型家庭政策的主要政策工具，帮助父母可以兼顾工作和家庭，特别是鼓励男性更多参与到育儿中。关于产假规定对生育率的影响和产假的具体制度设计密切相关，因此制定合理的产假规定就显得十分重要。产假的延长可积极影响生育率，产假过长可能导致脱离劳动力市场，从而增加生育的间接费用。把父亲切实纳入产假系统，能够促进父母共同分担育儿的责任，同时有利于减轻女性相对于男性在工作中所遭遇的障碍。作为父母假的延伸，瑞典、丹麦、法国、比利时等国在 20 世纪 80 年代后推出了带薪父育假。此外，增加工作安排的弹性、提供工作场所的育儿便利也有利于父母更好地平衡工作和育儿的关系。

由于涉及家庭内部、性别之间、职工之间及职工与雇主的各种利益关系，受各国劳动力市场状况、生育水平、经济发展水平及文化传统等的影响，各国促进工作和家庭平衡的实践既有共通之处，又有所差异。要真正实现营造生育友好的社会政策环境、帮助在职父母更好平衡工作和家庭、保障劳动者权益的目标，必须要在充分考虑各个利益群体诉求的基础上制定制度方案。第一，劳动力市场政策改革的核心目标是帮助劳动者实现在照料孩子和参与社会劳动之间的平衡。公共政策需要对劳动力市场进行规范，帮助中青年劳动者在时间和精力上实现照料孩子和参与社会劳动之间的平衡。第二，劳动力市场制度需促进劳动者个人、雇主及其他企业在分担人口再生产成本上的平衡。不但要避免劳动者因为生育养育在劳动力市场中受到歧视，也要避免这些劳动者的雇主成为生育成本的主要承担者，在与其他企业的竞争中处于不利地位。第三，劳动力市场制度还需要促进性别间劳动分工的平衡，从经济和社会文化上鼓励父亲更多参与育儿。第四，要注重劳动力市场制度与其他公共服务和社会保护制度的协作。

2. 我国劳动力市场政策在促进工作和家庭平衡方面的现状和问题

第一，女性的劳动参与水平较高，但近期有所下降。党和国家一直将鼓励女性参与劳动作为推动妇女解放事业的核心。中华人民共和国成立后出台了一系列的政策法规，我国的女性劳动参与水平明显提高，妇女解放事业得到了长足发展。近年来，我国女性的劳动参与水平有所下滑，这是由人口结构的变化和经济社会发展水平的提高带来的，同时女性回归家庭的论调也有所抬头。

第二，劳动保护制度的不完善加剧了女性在就业市场上的弱势地位。长期以来，我国一直面临着劳动力供大于求的局面，就业形势严峻，劳动力市场竞争激烈，劳动者处于相对弱势的地位。尽管相关的法律法规不断完善，劳动者权益保护不足的制度建设尚有不少短板，劳动者权益得不到保护的现象仍然存在。这使得处于竞争弱势的育龄期的女性更难兼顾工作和家庭。超时劳动普遍存在，加大了女性兼顾工作和家庭的难度，基于性别的就业歧视大量存在，由于反对就业领域性别歧视方面的法规和制度的不完善，育龄女性在遭到就业歧视时难以维权。

第三，生育保险制度对女性就业和生育的支持不足。建立生育保险的目的就是要促使社会分担家庭的部分生育成本，但我国生育保险的参保水平不高。没有参与生育保险的女性，一旦怀孕生产，个人缺乏稳定的收入来源，生育津贴覆盖面低不但损害了劳动者的基本权益，也造成企业间的负担不均，加剧了劳动力市场上的性别歧视。生育假期的设置存在一些误区，近些年生育政策调整后，各地纷纷出台了延长产假的政策，但一味延长产假和延长期产假可能造成新的问题，生育假期不是越长越好。特别是大部分地方的生育津贴不能支付延长期产假的津贴，极大增加了雇用女员工的成本，部分用人单位与女职工的矛盾也更为突出。同时，企业的人力资本损失没有得到补偿。企业维护自己的合法权益也存在一些困难，这无疑增加了企业雇用女职工的风险。

3. 推进更注重工作和家庭平衡的劳动力市场的政策建议

第一，加强对劳动者基本权益的保障，减少劳动市场上的歧视，特别是保障劳动者的就业权、休息权。要坚决反对就业歧视，需要明确就业歧视的相关法律规定，建立专门的执行机构，有效降低劳动者的维权成本。一方面，需要保护用人单位的合法权益，避免加大企业雇用女职工的风险；另一方面，要保障劳动者的休息权，增加对严重超时劳动的惩罚措施。

第二，规范延长期产假并延长陪产假，将延长期产假和陪产假津贴纳入生育保险支付范围。需要规范延长期产假的长短，避免地区间差异过大，同时增加男性陪产假，并将这期间的津贴纳入生育保险的支付范畴。

第三，应由生育保险基金对雇主进行补贴。借鉴失业保险稳岗返还制度，适度补贴雇主的成本，建议基金额外支付津贴的 10% 作为用人单位补助金。

第四，积极发挥好生育保险的作用，完善生育保险管理机制。综合考虑参保率、缴费率、生育水平和待遇水平，实现生育保险的精算平衡。加强对生育保险自身收支状况的分析、评估和预判，坚持精算平衡原则，在增加保障项目的同时合理确定缴费水平。

第五，鼓励企业与劳动者协商，提供休假、灵活工时及看护服务等更多育儿便利。鼓励用人单位在国家法定的产假、延长期产假、陪产假等的基础上，自主为员工提供额外的育儿假；采取更为灵活的劳动时间安排；鼓励用人单位自办或联办托儿所和幼儿园，为母乳喂养提供必要支持和配套设施。

（四）综合收入补贴政策

随着经济社会的发展、社会保障体系的完善，生育养育成本和收益成为影响家庭生育决策的主要微观变量。我国是高生育成本和高养育成本的国家，家庭生育意愿和成本—收益分析主导家庭生育行为。因此，在促进生育的相关经济社会政策实施中，政府要重点实施合理的家庭综合收入补贴政策，有效降低家庭生育和养育成本。

1. 综合收入补贴的新举措

梳理国家和地方层面的家庭综合收入补贴政策可以发现，目前鼓励生育的经济措施主要有加大生育津贴发放力度、发放育儿补贴、将生育费用纳入医疗保障、实施住房补贴和公租房保障、个人所得税减免等。

（1）加大生育津贴发放力度。

近些年，部分省份对生育津贴发放时间进行了延长。比如 2020 年 3 月，福建省规定，符合《福建省人口与计划生育条例》规定生育子女的，生育津贴发放天数不少于 128 天，并根据经济和社会发展情况逐步提高。2021 年 8 月，黑龙江省决定省医保基金发放生育津贴的时长从 98 天增加到 158 天，标准居全国前列。此外，甘肃省临泽县采取了额外增加一次性生育津贴的措施，对在本县公立医疗机构生育一孩、二孩、三孩的临泽户籍常住产妇一次性分别给予 2000 元、3000 元、5000 元的生育津贴。

（2）发放育儿补贴。

育儿补贴是国际上鼓励生育的通行做法。2021 年以来，四川攀枝花、甘肃临泽等部分地区开始出台育儿补贴政策，鼓励本地户籍家庭生育。

2021 年 7 月，四川省攀枝花市规定，对按政策生育两个及以上孩子的攀枝花户籍家庭，每月每孩发放 500 元育儿补贴金，直至孩子 3 岁。攀枝花市成为全国首个发放育儿补贴金的城市。

2021 年 9 月，甘肃省临泽县规定，对在临泽县公立医疗机构生育二孩、三孩的临泽户籍常住家庭，二孩、三孩每年分别发放 5000 元、10000 元育儿补贴，直至孩子 3 岁。对在辖区内公办幼儿园就读的临泽户籍常住家庭，二孩、三孩每生每学年分别给予 1000 元、2000 元的资助。

此外，吉林、黑龙江和北京等地明确要求建立相应的育儿补贴制度。预计接下来，还会有越来越多的地方出台生育补贴政策。

（3）三孩生育费用纳入医疗保障。

为贯彻落实党中央关于优化生育政策促进人口长期均衡发展的任务部署，积极支持三孩生育政策落地实施，2021 年 7 月，国家医疗保障局发出通知，要求各地医保部门确保参保女职工生育三孩的费用纳入生育保险待遇支付范围，按规定及时、足额给付生育医疗费用和生育津贴待遇。天津、甘肃、江苏、安徽、山东、贵州等多个省份先后发文明确将三孩生育费用纳入医疗保障。

（4）住房补贴和公租房保障。

2021 年 7 月，《中共中央 国务院关于优化生育政策促进人口长期均衡发展的决定》中强调，地方政府在配租公租房时，对符合当地住房保障条件且有未成年子女的家庭，可根据未成年子女数量在户型选择等方面给予适当照顾。随后，北京、上海、广东、安徽、甘肃等省市相继出台了差异化租赁、改革公租房户型和购买房屋优惠的新政。

（5）其他补助。

除以上 4 项主要经济补贴政策以外，多地还结合本地实际情况，采取多种经济支持措施降低家庭生育养育成本，鼓励家庭生育。

2021年8月，山东省日照市在全省率先制定托育服务普惠标准，合理化收费。2021年11月，上海市要求基层工会在会员生育第三胎时给予实物慰问，慰问标准不低于第二胎。生育第三胎的父母双方均可在各自单位工会享受慰问。2021年12月，吉林省支持银行机构为符合相关条件的注册结婚登记夫妻最高提供20万元婚育消费贷款，按生育一孩、二孩、三孩，分别给予不同程度降息优惠，同时给予相应的税收减免和激励奖励。

2. 综合收入补贴存在的问题

（1）综合收入补贴体系亟待健全。

从国际比较和家庭支持政策总体来看，我国家庭综合收入补贴政策体系亟待进一步完善。一是家庭综合收入补贴项目和标准差异大。由于目前家庭综合收入补贴政策基本上是由国家层面制定原则性框架，把制定具体实施细则的权力赋予各省（区、市），这就使得各地的家庭综合收入补贴项目内容和标准具有明显的差异性。二是家庭综合收入补贴项目尚未普惠。当前家庭综合收入补贴项目的对象主要是基于户籍确定的，与人口实际流动、生活、学习、就业存在较大出入。同时也对非本地户籍人口存在政策歧视，人为造成不均与割裂。

（2）经济补助标准过低难以发挥政策引领作用。

当前国家层面对有孩家庭尚未出台普惠性经济补助。对较大群体生育子女进行经济补助的政策主要是企业职工的生育保险和纳税个体的个人所得税专项附加扣除。对于日益高昂的生育养育成本而言，这两项经济补助所占比重较小，在家庭生育决策中，难以发挥政策引领作用。

（3）现行经济补助理念难以促进生育和家庭发展持续。

在现行生育经济补助支持政策中，资金补给多为一次性补贴，家庭的养育压力依然巨大。除独生子女家庭享有的少量独生子女费外，子女养育的经济责任全部落在家庭身上。尽管有个人所得税子女教育专项附加扣除，但其额度对于中等收入群体养育教育子女而言，作用仍旧不大。现阶段，我国生育的经济支持是针对"生"的，在针对"育"的支持方面，相对比较匮乏。

3. 加强综合收入补贴的政策建议

针对现阶段综合补贴政策，为解决当前育儿经济成本过高，但公共支持（除一次性的补贴外）几乎完全缺失的问题，要从以下 5 个方面着手建立健全综合收入补贴政策。

（1）尽快建立普惠型儿童津贴制度。

建议尽快建立针对 0 ~ 6 岁儿童的普惠型儿童津贴制度，国家制定基础儿童津贴标准，各地根据经济发展和财政收入水平进行适度调整，资金主要由地方财政承担。鼓励经济发展水平较高的东部地区率先探索各种瞄准型儿童津贴制度。

（2）加大对多孩家庭的住房政策倾斜力度。

要适当修改现行的住房贷款政策、住房限购政策等，满足多孩家庭改善住房需求。地方政府在配租公租房时，对符合当地住房保障条件且有未成年子女的家庭，可根据未成年子女数量在户型选择等方面给予适当照顾。对租房方面月支出超过一定额度的有孩家庭，可以根据家庭中孩子数量、家庭收入和租房开支确定补助额度。

（3）实施子女养育个人所得税抵扣。

要进一步完善个人所得税制度，建议在已设立 3 岁以下婴幼儿照护个人所得税专项附加扣除基础上，按照子女年龄分阶段提高专项扣除标准，同时对职业母亲的个人所得税继续进行减免。对于子女是残疾人的家庭，纳税人子女养育专项扣除则没有时间限制。对生育两个以上子女的家庭，应该提高税收起征点或免除更大税收。鼓励有条件地区探索实行以家庭为单位征收所得税。

（4）对未达到个人所得税标准的低收入有孩家庭直接进行现金补贴。

要针对未达到个人所得税标准的低收入有孩家庭进行现金补贴，这部分人群主要是城市低收入群体和农村家庭，补贴标准由各地政府根据本地经济发展情况、人口发展规划和家庭孩子数量确定。

（五）"普惠式"家庭支持体系

人的社会化进程始于家庭，儿童监护抚养是父母的法定责任和义务。家庭结构和功能变化、育儿理念更新及对儿童未来成长期望变化、生活工作压力增加等多种因素，对传统以家庭为主的养育模式产生了较大影响，家庭承受的育儿压力明显增加，很大程度上影响了家庭的生育意愿，且对儿童健康成长不利。应当尽快建立完善"普惠式"的家庭支持体系，切实缓解家庭育儿压力。

1. 家庭育儿普遍承受较大压力

（1）对家庭育儿社会化支持程度亟待提高。

一直以来育儿都被认为是家庭责任，是比较私人化的领域，特别是针对 3 岁以下尚未进入幼儿园的婴幼儿，养育责任几乎全部由家庭承担，来自家庭之外的干预和支持很少。同时，受传统观念、服务模式等多种因素影响，政府和社会也很难通过制度化、规范化的方式为家庭提供服务，家庭在育儿中基本处于"孤军奋战"状态。

（2）育儿本身是需要家庭长期持续投入物质和精力的过程。

从生育、养育到教育，持续几年甚至十几年，家庭对儿童健康和未来成长的担忧是主要压力来源。

（3）现代育儿理念对家庭科学育儿知识和能力提出更高要求，但科学育儿信息内容庞杂，甄别困难。

近年来儿童早期发展得到关注，各种育儿理念呈井喷式涌现，对家长育儿能力提出更高要求。大众传媒的快速发展使各种新的育儿理念和育儿知识得到广泛传播，一定程度上满足了家庭对育儿知识的需求，但信息庞杂、质量参差不齐，甄别困难。同时，传统文化与科学育儿理念冲突促进家庭育儿困惑、加剧育儿压力，还可能引发一些不良事件，如曾发生过家长加入非正规网络群组学习育儿知识造成婴儿猝死等极端事件。

（4）经济社会压力持续增加使得父母更难平衡工作与家庭育儿关系。

育儿成本提高，加重家庭经济压力，可能促使父母，特别是父亲更多投入工作，减少家庭陪伴。育儿责任的增加对女性就业造成负面影响，影响家庭收入，进一步迫使父亲承担更多工作。

（5）家庭内部育儿责任分担使女性承担更多育儿压力。

母亲是婴幼儿照护的绝对主力，父亲参与儿童照护的比例长期偏低。隔代养育能减轻家庭照护压力，但同时隔代之间教育理念的差异会增加家庭关系的摩擦。父亲照护缺失和隔代照护的家庭矛盾，增加母亲育儿压力和精神负担。在拥有 3 岁以下孩子的女性中，超过 10% 的人觉得自己经常性地情绪低落，29.6% 的人经常性失眠。

（6）社会支持环境缺乏加大家庭育儿压力。

社区育儿援助措施不完备，缺乏配套设施。相比城市，农村育儿支持资源更缺乏，托育服务机构几乎空白。农村留守儿童的存在更给家庭育儿带来更大挑战。良好的邻里关系，有利于家庭间互相帮助，对于家庭育儿压力的缓解起到支持作用。但随着城镇化发展，传统淳朴友善的邻里风气近年来逐渐淡化，对家庭支持作用明显弱化。

2. 现有政策对家庭育儿整体支持不足

在出生率持续下降的大背景下，政府对家庭育儿的支持力度在增加。

2021 年发布的《中华人民共和国家庭教育促进法》专门提到国家和社会为家庭教育提供指导、支持和服务，详细规定了各部门责任及社会各方参与机制。《中华人民共和国经济和社会发展第十四个五年规划和 2035 年远景目标纲要》专门提到加强对家庭照护和社区服务的支持指导，增强家庭科学育儿能力。《关于优化生育政策促进人口长期均衡发展的决定》《中国儿童发展纲要（2021—2030 年）》《关于推进儿童友好城市建设的指导意见》都对支持家庭育儿提出相关要求。

但从总体上看，现有政策体系还存在不少问题。一是 0～3 岁社会照护体系刚刚起步，资源还不能满足家庭育儿的需求。二是现有政策仅对特殊困难家庭提供支持，且主要集中在经济救助上，缺乏普惠性的家庭支持政策。三是对家庭育儿的指导和支持操作性不足，难以落实，且不是硬性指标，难以考核。

3. 建立"普惠式"家庭支持体系，缓解家庭育儿压力

（1）逐步建立"社会育儿"理念，完善综合性家庭支持体系。

为适应家庭结构和功能变化、进一步提高生育率，对家庭育儿提供系统化支持已经成为发达国家普遍做法。应借鉴发达国家育儿理念变化的经验，以促进儿童健康成长为导向、以家庭育儿需求为中心，整合政府、市场和社会资源，建立完善更加积极的家庭育儿支持政策，建立涵盖支持家庭生育、养育、教育等全过程的经济和服务保障体系，更好分担家庭育儿压力。

（2）充分依托社区资源，建立家庭育儿综合支持网络。

引导各类专业机构服务下沉到社区和家庭，更积极、主动地为家庭育儿提供专业指导与服务。参照国际经验，在社区建立家庭支援中心，及时响应家庭需求，为家庭育儿提供专业指导和支援，建立家庭与专业服务机构间有效沟通的桥梁。引导医疗、教育等部门依托各自基层服务

网络下沉社区，更加积极主动地为家庭提供各类育儿相关基本公共服务。依托社区闲置资源，引入市场和社会力量，提供婴幼儿照料、托管、早期发展指导等服务，加强社区志愿服务，协助组织家庭建立儿童照料和活动互助组，建立正式和非正式的家庭育儿支持网络，减轻家庭儿童照料负担。

（3）建立权威科学的育儿知识传播普及体系，帮助家庭提高育儿能力。

一方面，应更好发挥传统健康和育儿知识传播渠道的重要作用。支持医疗保健机构和教育部门将孕妇学校、儿童健康管理、儿童早期发展等工作做实、做细，给家庭提供更有针对性的生育、养育和教育指导。支持医疗健康、教育、心理、交通安全、消防等专业服务机构通过开展社区育儿讲座、组织实践演练活动、定期家访等方式，主动为家庭提供各类与儿童健康、营养、教育、安全和发展等直接相关的指导。另一方面，应更好发挥大众传媒在育儿知识普及中的作用。鼓励和支持专业机构和权威专家更多、更好利用新媒体传播科学育儿知识，对网络传播的育儿知识加强规范和监管，完善不良信息举报机制，对虚假信息及时清除，对不规范行为坚决取缔。

（4）加强宣教，引导家庭内部合理分担育儿责任。

应给予女性更多关爱和支持。通过立法等方式明确家庭劳务的经济价值，对女性承担育儿责任给予认可和支持。为女性提供心理健康、家庭沟通技巧等方面的指导，减轻心理压力，提高处理家庭育儿矛盾的能力。此外，更好普及"两性平等"的观念，引导和支持男性更多参与育儿，分担家庭育儿压力。

（5）加强宣传引导，营造支持家庭育儿的公共环境和社会氛围。

总结国内外儿童友好城市和社区建设的经验，普及"社会共同育儿"的理念，在全社会营造关爱儿童、支持家庭的良好氛围。加快推进育儿无障碍设施建设，如在公共场所"消除台阶"，普及家庭厕所、母婴室等，建立更多公益性儿童活动场所，提高家庭育儿获得感和幸福感。

执笔人：喻乐　王列军　杨祖丽（华中科技大学社会学院）　冯文猛　刘胜兰　佘宇　张冰子　李恒森　张佳慧　贾妮（首都儿科研究所）

完善生殖和母婴健康支持服务体系

我国陷入低生育率陷阱的风险正在凸显，将给未来的人口、经济、社会发展带来沉重压力。为了应对挑战，党中央、国务院及时作出政策方向调整，2021 年 6 月《中共中央 国务院关于优化生育政策促进人口长期均衡发展的决定》发布，强调促进生育政策和相关经济社会政策配套衔接，并要求提高优生优育服务水平，降低生育、养育、教育成本。完善生殖健康和母婴健康支持服务体系，一是有利于减少生殖健康问题，降低不孕不育患病率，保护生育力；二是有助于降低生育养育负担，提升生育体验，提升女性生育意愿；三是有助于提升出生人口素质，提升儿童健康水平，增强人力资本。在优化生育政策体系中，应着力完善生殖健康和母婴健康支持服务体系。

一、生殖健康和母婴健康服务中的主要短板

（一）生育服务连续性不足，成本较高且分担机制尚不完善

做好全流程全生命周期的生育服务，一是有助于提升产妇生育全程体验，减轻心理压力和生理压力，避免影响其生育意愿；二是有助于做好提升产妇和新生儿的身体健康。当前我国生育服务的问题主要有以下几个方面。

1. 生育服务成本较高且分担机制尚不完善

当前我国生育服务成本较高，2020 年公立医院平均每例剖宫产费用高达 8539.5 元，顺产费用通常在 5000 元左右[①]，随着各项检查技术不断发展，孕产妇高龄化趋势明显，产检费用也越来越高，通常高达几千元。对部分群体而言费用负担仍然较重。

在成本较高的基础上，成本分担机制仍不完善。我国当前主要通过城镇职工生育保险和城乡居民医疗保险分别为职工和居民提供生育医疗费用保障。尽管城镇职工生育保险覆盖率不断提高，但惠及人口仍然较少。从湖南省的情况来看，2020 年享受生育保险的产妇占比为 18.9%（见表 1–1），多数产妇的费用仍需要居民医疗保险承担。

表1-1　　2016—2020年湖南省生育保险与生育医疗费用支出情况[②]

年度	享受人次（万人次）	生育人数（万人）	医疗费用（亿元）	活 产 数（万人）	享受生育保险的产妇占比（%）	平均剖宫产费用（元）	人均医疗费用支出（元）
2016	27.37	10.86	6.04	84.5	12.9	—	714.8
2017	33.99	13.18	7.61	80.5	16.4	7794.7	945.3
2018	31.16	11.56	7.7	70.6	16.4	8092.1	1090.7
2019	31.95	11.44	8.5	62.1	18.4	8462.6	1368.8
2020	30.46	10.01	7.56	52.9	18.9	8539.5	1429.1

注：平均剖宫产费用为全国平均数据。

资料来源：《2020年湖南省医疗生育保险统计公报》、历年《中国卫生健康统计年鉴》。

有生育保险的产妇，其医疗相关费用的保障水平也不够高，从 4 个代表城市看，从产检到分娩，能够报销的额度与地方财力高度相关，与平均剖宫产费用和事实发生的产检费用相差较大（见表 1–2）。居民医保的保障水平更低，仅覆盖 800 ~ 2850 元（见表 1–3），低于居民医保中的住院保障水平。

[①]　来自江苏省定点医院的分析结果。

[②]　受限于缺少生育医疗费用细项的数据，考虑到数据的可获得性和省份情况的代表性，选择湖南省2016—2020年的数据作为代表。

表1-2　　　　　城镇职工生育保险对生育相关费用的报销情况

代表城市		深圳市	绵阳市	吉林市	长沙市
产前检查	产前检查	产前检查的指定项目可以报销			
	报销额度	指定项目全额报销	定额600元	定额700元	定额600元
分娩费用	具体内容	分娩过程中的医疗费用，可以一次性进行报销			
	顺产报销	2700元	1900元	1500元	2000元
	难产报销（含剖宫产）	5200元	3200元	3000元	3600元
	多胎分娩报销	每增加一胎1000元	—	—	—
男职工无工作的配偶		同上	非城镇户口，按50%	按50%	
结算方式		定点医院建档后，医保卡直接结算			

资料来源：各城市医疗保障局官网。

表1-3　　　　　城乡居民医疗保险对生育相关费用的报销情况

代表城市		绵阳市	吉林市	长沙市
产前检查	产前检查	无	—	—
	报销额度	无	—	—
分娩费用	具体内容	对符合规定和目录范围内的医疗费用的限额报销	定额支付	对符合规定和目录范围内的医疗费用的一次性补助
	顺产报销	最高800元	2350元	最高1300元
	难产报销（含剖宫产）	最高1200元	2850元	最高1600元
结算方式		定点医院建档后，医保卡直接结算		

资料来源：各城市医疗保障局官网。

需要强调的是，无论是从职工还是从居民来看，当前生育相关的医疗费用报销水平远低于疾病诊疗的报销水平，不利于形成鼓励生育的政策导向和社会氛围。

2. 无痛分娩等技术推广不足，剖宫产率仍维持高位

我国剖宫产率从2008年的28.8%上升到2018年的36.7%，位居亚洲国家之首，远高于世界卫生组织（WHO）推荐的 10% ~ 15% 的水平。初胎剖宫产会使得后续生产的合并症风险提高，不利于后续的多胎生育。产妇要求在剖宫产原因中排名第二，这既与孕产妇及家属对剖宫产的利弊存在认识误区有关，也与卫生人员保护和处理医疗纠纷的法制、现行的分配制度等相关 ①。

生产过程中的疼痛是产妇选择剖宫产的重要原因。为减轻产妇生产过程中的痛苦，提升生育体验，2019 年 3 月，国家卫生健康委公布了第一批国家分娩镇痛试点医院。但无痛分娩推广仍然不足，只有省会城市和发达地区的大型妇产医院无痛分娩率能够达到 70% 左右，经济欠发达地区和二三线城市妇幼保健院无痛分娩率多数在 10% 左右，部分县级医院还没有开展无痛分娩。与国际情况对比，美国无痛分娩实施比例约为 85%，英国约为 98%，加拿大约为 86%。

无痛分娩普及率低的原因一是麻醉医师人数不足，2020 年我国麻醉医师共计 9.8 万人（见图 1–1），缺口仍高达 30 万人左右。加上无痛分娩比手术时间更长，且需随着产程变化不断评估疼痛等级和调整用药速度，使之对麻醉医生的要求更高。二是无痛分娩收费相对较低，医院缺乏激励机制。全国大部分地方对无痛分娩没有设置专项收费，只能参考手术麻醉标准进行收费。以北京市为例，公立医院收费主要在 1000 元左右，很难预约，民营医院则通常在 5000 元以上。公立医院收费难以覆盖成本，不足以鼓励医院和科室的积极性。因此，各医院对无痛分娩项目的推广不积极。三是孕产妇及其家属对无痛分娩的认知程度较低，存在误区。

此外，无痛分娩推广不足还会加剧孕产妇对生产过程的担忧和体验不佳，引起后续心理健康问题等。

---

① 尽管我国对各医院的剖宫产率有明确要求，但卫生人员出于规避风险的考虑，以及剖宫产收费高于顺产，基层医院并无动力控制剖宫产率。

（人）

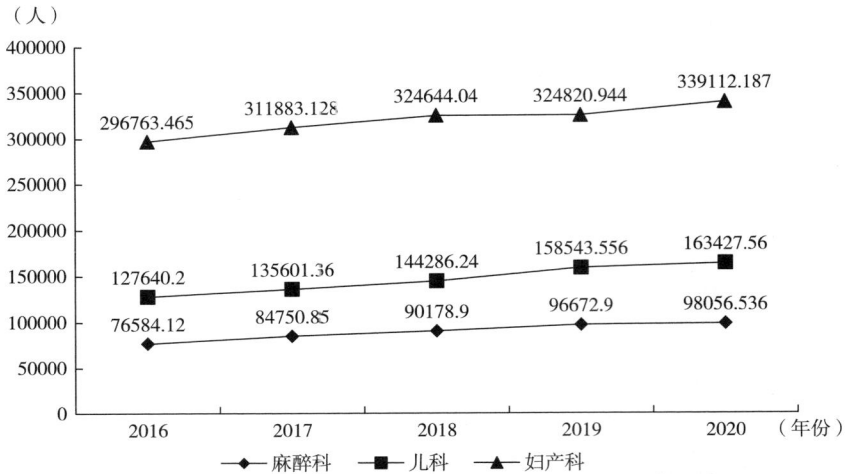

图1-1 生育及母婴健康相关科室执业（助理）医师数及变化趋势

资料来源：历年《中国卫生健康统计年鉴》。

3. 孕产妇心理健康问题突出，但心理健康服务不足

由于生理和生活改变等原因，孕产妇存在抑郁、焦虑、睡眠差及分娩恐惧等妊娠压力，数据显示，我国产后抑郁率为 7.3% ~ 34.9%，全流程可疑抑郁或抑郁的总体阳性率高达 20.17% ~ 27.57%。

为应对这一问题，我国在"十二五"期间就提出关注孕产妇心理健康，并出台了相应的指南。但当前还存在以下问题。

一是非精神专科医疗机构缺乏心理健康服务能力，相关转诊、会诊制度尚未明确建立。综合性医疗机构、妇幼保健机构和基层医疗机构普遍缺乏相应专业能力，非精神专科医疗机构医务人员对孕产妇常见精神疾病的识别率也较低。

二是相关研究不足，缺乏具有指导性和实操性的适宜孕期心理保健技术。当前医疗机构、妇幼保健机构关于孕期心理保健的工作侧重筛查，但对孕产妇的心理健康问题缺乏相应干预手段。

三是民众普遍对孕产期心理健康缺乏认知。73.66% 的孕妇想接受心理健康服务，但受大众普遍对心理健康问题偏见的影响，孕产妇对前往精神

专科医疗机构接受治疗仍存在病耻感。加上产前的心理健康问题容易与妊娠期的反应相混淆，缺乏专业识别能力的孕产妇及家属常常容易忽略，难以采取必要的干预措施。

（二）育龄人群不孕不育患病率高，防控体系和辅助生殖服务尚不完善

我国育龄人群中不孕不育发生率高达 18%，较 2007 年的 11.9% 上升明显，几乎每 5 对夫妻就有 1 对不孕不育发生，民族生育力保存亟须关注。从三级预防的角度看，有以下问题需要关注。

1. 生殖健康服务存在短板

一是我国当前避孕教育不足，生殖健康服务存在短板。人工流产数量居高不下，2020 年人工流产数达到 896 万例（见图 1–2）。青少年、流动人口两个群体尤其明显。青少年已成为人工流产，性病、艾滋病感染增速最快的主要人群之一。未婚青少年每年人工流产近 400 万人，占我国人工流产总数的 40%，其中 19% 有多次流产经历[①]。

究其原因，一方面，受到"性解放""性自由"观念等影响，70% 的青少年对婚前性行为持接受态度；另一方面，针对青少年的避孕知识宣传不足，无痛人工流产的广告屡见不鲜。人工流产，尤其是重复流产、流产后迅速再次妊娠等问题是女性不孕不育的重要因素，加上部分民营医疗机构对资料审核不严格，人工流产后的宣教服务不足，技术也相对不成熟，更容易引起不孕不育的发生。生殖健康服务尤其是针对青少年的生殖健康教育及服务必须引起高度重视。

---

① 王培安：《为何实施三孩生育政策而不是全面放开生育》，《人民政协报》2021 年 7 月 27 日。

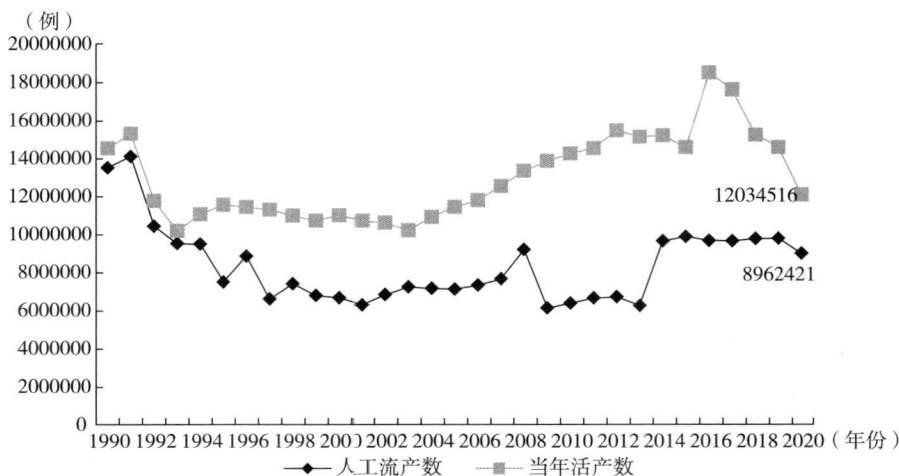

图1-2 1990—2020年我国人工流产手术例数及其变化趋势

资料来源：《2021年中国卫生健康统计年鉴》。

二是肿瘤患者等特殊群体的生育力保存服务尚不完善。当前肿瘤高发且逐渐年轻化，宫颈、卵巢、乳腺等女性常见肿瘤对女性生育力影响巨大，其他肿瘤在开展放化疗诊疗时对两性的生育力均有影响。一方面，相关医务人员的生育力保存意识不强；另一方面，我国当前的政策规制主要以婚姻状况而不是临床需求为导向，单身肿瘤患者的生育力保存还存在不少政策障碍。

2. 不孕不育整体诊疗路径尚不明确

一是生育咨询服务不足，不孕不育诊治意识不强，缺乏主动筛查服务，导致延误治疗时机。一项针对不孕不育患者的调研结果显示，备孕1年以上患者占比为71%，其中备孕3年以上患者占比仍高达32%。大部分备孕患者在超过1年未成功受孕的情况下，仍未清晰地意识到自己已为不孕不育人群。

二是诊治路径不明确，进入正规生殖中心治疗前的时间长且造成巨大经济负担。我国不孕不育治疗率仅为46.5%，低于全球56%的平均水平。

需要采用辅助生殖的患者平均需要 2.7 年才能真正进入流程，在此之前多数人会尝试偏方、中医调理等，许多必须采用辅助生殖技术才有可能增加怀孕概率的患者总被滞留在其他治疗方法中，极大增加了时间和经济成本，很多患者在辅助生殖前已经付出了大量金钱。

年龄是无法改变的影响女性生育能力的重要因素，随着年龄增长，女性生育力逐渐下降，表现为妊娠率、活产率降低，流产率提高，及早开始正规辅助生殖治疗对于不孕不育患者实现生育意愿至关重要。因此，需要规范不孕不育诊疗路径，提升治疗效率。

三是医保报销存在"一刀切"的情况，使不孕不育的诊疗负担加重。一方面，当前医保对于在生殖中心就诊的患者一律不报销，以科室为判断依据而非以诊疗项目或诊疗疾病为依据，使诊疗成本被人为增加。另一方面，在不孕不育的诊疗路径不明确的情况下，部分无效治疗反而能够得到报销，对医保资金和患者都形成了巨大的浪费。

3. 辅助生殖服务良莠不齐，患者经济负担沉重

我国辅助生殖每年约有 30 万名试管婴儿诞生。据统计，目前我国治疗的总周期数已超过 100 万周期 / 年，成功率已基本接近欧美发达国家水平，有迈向更高水平的趋势。但与当前辅助生殖需求相比，还有不少问题亟待解决。

一是对机构服务能力和服务质量的评价体系单一，退出机制不完善。国际上，辅助生殖机构的评价体系包含多个指标，如周期数、妊娠成功率、累计活产率、出生缺陷发生率、并发症发生率等，通过多个维度对辅助生殖机构的质量进行管理。但我国当前辅助生殖机构评价体系单一，退出机制不完善，部分生殖中心开展业务多年，但业务量很小，成功率有限，陷入难以维系业务水平和难以吸引患者的恶性循环，很难发挥规模效应降低单例辅助生殖成本。根据《人类辅助生殖技术管理办法》，人类辅

助生殖技术批准证书需每两年校验一次，校验由原审批机关办理，不合格的将被收回批准证书，但由于政策规定缺乏更加细化且具有指导意义的指标体系，校验存在流于形式的问题。

二是成本高昂，患者经济负担沉重。当前辅助生殖的价格高昂，常规试管婴儿一个周期大约需 3 万元，但由于基础条件、技术水平等原因，目前成功率普遍在 50% 左右。一些反复失败的患者，随着周期数增加，重新进行体检、用药、手术，花费会更多，一半以上的患者夫妇需要进行两个以上周期的治疗。从成本上看，试管婴儿费用主要来自检查、促排卵、取卵、移植、冷冻及由于精卵结合问题需额外进行的单精子注射费用。我国当前在这些流程中，国产化替代均不足，更加加重了成本。

三是辅助生殖滥用情况突出。据临床专家估计，真正需要辅助生殖的患者仅占不孕不育夫妇的 10% ~ 15%，绝大多数不孕不育患者可以通过解决疾病从而自然受孕，能够获得规范的不孕不育诊疗是解决问题的关键。但由于辅助生殖利润更高，部分医疗机构（公立和民营均存在这一问题，民营更加突出）存在明显的诱导需求的问题，浪费了患者大量的时间、金钱和精力。

（三）儿童医疗保障尚不完善，儿童就医时间成本和经济负担均较高

做好儿童医疗保障是减轻家长养育压力的重要组成部分，也有利于更好促进儿童健康。在出生儿童数逐年减少的当下，提升儿童健康水平，做好人力资本储备尤为重要。

当前我国儿童医疗保障的问题主要在以下几个方面。

1. 儿童医疗费用保障主要在城乡居民医疗保险中解决，保障水平低于平均水平

一是我国主要在基本医疗保障体系的框架内保障儿童基本医疗需求，缺乏专门的儿童医疗保障制度，儿童参加居民医疗保险，保障水平低于职工医疗保险。以吉林省数据为例，近几年的次均住院费用均在 12000 元左右，报销比例仅约 50%，异地就医患儿报销比例仅约 30%（见表 1-4）。在城镇，有城镇职工医保的家庭，其子女在居民医保范畴中，儿童报销水平远低于父母。鉴于年轻父母医疗需求较少，医疗保障的家庭共济也有所不足。

表1-4　　　　　　吉林省儿童患者就医医疗负担及待遇分析

年份	次均住院费用（元）	排名前四的疾病	实际报销比例（%）	
			长春市内	长春市外
2017	11593.8	肺炎、白血病、早产、腺样体肥大	52.47	30.25
2018	11446.3	肺炎、白血病、早产、腺样体肥大	52.4	29.53
2019	12179.1	肺炎、白血病、腺样体肥大、早产	54.36	36.87

资料来源：《吉林省儿童患者就医医保待遇分析》。

二是当前居民医疗保险的报销模式仍以保大病为主，尽管已经实现了门诊统筹，但封顶线和报销水平很低。儿童疾病的特点是以门诊诊疗为主，这一报销模式使儿童的保障水平更加低于成人。

三是为更好实现分级诊疗格局，医疗保险均在三级医院中体现出不同的报销比例，但由于基层医疗卫生机构的儿科医生配置不足，水平参差不齐，全科医生对儿童的诊疗能力有限，甚至出现推诿情况，使儿童家长更倾向于或只能在三级医院或专科医院就诊，报销水平进一步降低。

四是多层次医疗保障体系间的横向整合和有效衔接不足，影响了儿童大病的救助效果。慈善资源与政府医疗救助资源缺乏有效整合，慈善资源之间缺少信息共享、资源分配不平衡、救助效率不高[1]。商业医保尚处于起步阶段，保障水平有限，且出于商保自身发展和数据共享等原因，对目录外自费部分及特需服务保障不足，一定程度上影响了实际报销水平。

五是流动儿童与留守儿童医疗保险的参保率与使用率低于普通儿童，是需要特殊关注的重点人群，且异地就医报销水平低于原籍。

2. 儿童用药短缺问题仍然突出

我国高度重视儿童用药保障工作，相继出台了多项鼓励儿童药品研发的相关政策。比如出台《关于保障儿童用药的若干意见》，成立儿童用药专家委员会，对儿童药品实施优先审评审批，医保将含有"少儿用""儿童用"等字样的药品纳入目录。但儿童用药问题仍然存在。

一是我国目前面临儿童专用药品种少、缺乏适宜儿童的剂型和规格以及医院制剂使用受限的困境[2]。仅约2%的药品注册信息中明确标注小儿或儿童用药，医院儿童用药户仅有0.70%为儿童专用药品[3]，31.04%的品种为儿童可用药品，适宜儿童的剂型（如溶液剂、糖浆剂）品种数非常有限。

二是儿童用药信息不足，主要表现为儿童用法用量信息缺乏或者不明确，药物间相互作用、使用禁忌等信息也普遍缺乏。我国15家医院儿科常用药品说明书中，标注儿童适应症、儿童用法用量、儿童相关不良反应、禁忌和注意事项的说明书占比分别为8.0%、56.9%、16.4%、11.7%

---

[1] 与其他人群相比，儿童医疗相关的慈善资源较多，但资源集中。例如，不少儿童慈善救助都集中在白血病、先天性心脏病等，很多其他疾病无法得到救助。加上慈善组织的数据不足，也可能出现重复救助的情况，影响了慈善救助效率和效果。

[2] 需要提出的是，儿童不是缩小版的成人，由于生理和生化功能尚发育不全，有适宜儿童的药物非常重要。

[3] 这一数据来源于2013—2014年对北京、上海、天津、杭州、郑州、广州、成都7个市78家医院儿童用药的调查结果。

和 45.8%[①]。这使得超说明书用药现象普遍存在，影响儿童用药规范性和安全性。

三是儿童用药风险高，不合理用药问题依然突出，主要表现为抗菌药物滥用、静脉输液过度使用和药物不合理联用。且儿童与成人相比，药物不良反应造成的后果通常更加严重，我国现有 14 岁以下的儿童中，每年约有 3 万儿童因用药不当致聋，约 7000 名儿童因用药不当死亡。

导致上述现象的重要原因，一是与成人用药相比，儿童用药利润更低风险更高，制药企业对儿童药物研发和生产的积极性不高。二是儿童药物临床试验障碍较多，临床试验受试者招募困难，伦理学要求很高，有资质的儿童药物临床试验机构不足，儿童受试者权益保障不完善等。三是儿童用药服务不足，家长健康教育不足，不合理用药较多。

3. 儿科医疗资源不足导致儿童就医效率较低，康复治疗不足

一是儿科医生的缺乏及儿科建设的不足影响了儿童医疗服务的供给。目前儿童医疗服务资源仍然比较紧缺，全国每千名儿童儿科医生数为 0.65，明显低于世界发达国家水平（0.85 ～ 1.3）。2017 年，我国儿科医生的工作量平均是非儿科医生的 1.68 倍，而儿科医生的收入只有非儿科医生的 46%。究其根本，这与公立医院科室以绩效定工资的待遇体系有关，效益不佳的科室只能拿到较低的工资。由于儿童患者的特殊性，儿科用药少、检查少、使用器械少，在任何一家公立医院儿科的收益都是倒数甚至垫底水平。加上在当前科研占主导的晋升体系中，儿科医生职称晋升也更为困难，进一步影响了儿科医生的职业吸引力。

二是儿童康复体系不完善，不同机构的水平参差不齐，儿童康复医师

---

①　李逸云、武志昂、胡欣：《我国七地区78家样本医院2013—2014年儿童患者用药分析》，《中国药房》2016年第29期。

和治疗师队伍的数量、质量及分布等不能满足快速发展的儿童康复需求。

4. 针对儿童主要疾病谱的预防工作仍然不足

随着社会发展和人类生存环境的改变，儿童疾病谱发生了很大变化。随着传染性疾病的有效控制，出生缺陷、环境污染相关问题、发育障碍及行为问题不断增加，伤害预防、慢性非传染性疾病预防工作更加艰巨，需要将预防关口前移。从当前三要的疾病负担来看，以下问题还需要进一步解决。

一是出生缺陷防控还需进一步加强。尽管出生缺陷三级预防体系实施成效显著，但 2000 年以来我国出生缺陷整体发生率仍呈波动上升趋势，总发生率由 2000 年的 109.79/ 万上升到 2019 年的 194.14/ 万。受筛查技术不足和治疗手段缺失等因素影响，唐氏综合征、耳聋等严重出生缺陷尚未得到有效控制，发病率依然居高不下。产前诊断能力尚不能满足临床需求，各项新技术质控能力不强。由于价格等原因，部分具有性价比的检查技术推广受限，存在地区和人群间的不公平。随着人口政策变化，高龄、环境等高危因素带来的影响更加突出，出生缺陷防控的挑战更大。

二是道路安全、溺水等伤害预防仍然不足。1 ~ 15 岁的儿童死亡的第一位原因都是伤害，其中溺水、机动车辆交通事故、意外跌落是伤害中的主要因素（见表 1–5、表 1–6）。2019 年，《中国青少年儿童伤害现状回顾报告》显示，2010—2015 年期间，每年有 54194 名 0 ~ 17 岁青少年儿童因伤害而死亡，相当于每天死亡 148 人。当前伤害预防及急救知识重视程度不高，家庭内没有足够完善的安全设施，且事件发生后的现场急救知识缺乏等问题常导致二次伤害；伤害监测系统尚不完善，预防伤害的健康教育服务体系仍不健全，自媒体上宣传的部分知识存在明显错误；安全相关的法律法规尚不健全，法律法规执行难度大，如儿童安全座椅的使用等。

三是肺炎等疫苗可预防疾病的疾病负担仍然很高。2017 年，我国肺炎链球菌造成的 5 岁以下儿童病例数为 57 万例，死亡数为 8000 例。肺炎是导致儿童住院排名第一的疾病，这一疾病当前已有疫苗可以预防，但受限于疫苗价格较高、主要依靠自费，我国当前肺炎疫苗覆盖率仅 0.073%[①]，远低于全球 47.9% 的水平。

四是超重肥胖、近视等检出率仍居高不下，心理健康值得关注。我国中小学生超重肥胖率从 2010 年的 15.5% 上升到 2019 年的 24.2%，乡村学生增长快于城镇学生，视力不良（67.9%）、龋齿问题（22.1%）更加普遍。儿童心理健康问题越来越突出，儿童情绪和行为问题发生率为 17.6%[②]，7.7% 存在抑郁高风险。

表1-5　　　　　　　　　2020年年龄别城市儿童前5位死因

1岁以下	1～5岁	5～10岁	10～15岁
起源于围生期的情况	损伤和中毒（溺水、机动车辆交通事故）	损伤和中毒（机动车辆交通事故、溺水）	损伤和中毒（溺水、机动车辆交通事故、自杀、意外跌落）
先天畸形、变形和染色体异常（先天性心脏病）	肿瘤（恶性肿瘤）	肿瘤（恶性肿瘤）	肿瘤（恶性肿瘤）
呼吸系统疾病（肺炎）	先天畸形、变形和染色体异常	神经系统疾病	神经系统疾病
损伤和中毒	呼吸系统疾病（肺炎）	先天畸形、变形和染色体异常	循环系统疾病
神经系统疾病	神经系统疾病	呼吸系统疾病	呼吸系统疾病

注：括号内内容为这一大类死因中，顺位排名最高的疾病名称。

资料来源：《2021年中国卫生健康统计年鉴》。

① 资料来源：全球疾病负担数据库。

② 中国儿童中心、苑立新：《儿童蓝皮书：中国儿童发展报告（2021）》，社会科学文献出版社，2021年。

表1-6 　　　　　　　　　　2020年年龄别农村儿童前5位死因

1岁以下	1~5岁	5~10岁	10~15岁
起源于围生期的情况	损伤和中毒（溺水、机动车辆交通事故）	损伤和中毒（溺水、机动车辆交通事故、意外跌落）	损伤和中毒（溺水、机动车辆交通事故、意外跌落）
先天畸形、变形和染色体异常（先天性心脏病）	肿瘤（恶性肿瘤）	肿瘤（恶性肿瘤）	肿瘤（恶性肿瘤）
损伤和中毒	先天畸形、变形和染色体异常（先天性心脏病）	神经系统疾病	神经系统疾病
呼吸系统疾病（肺炎）	呼吸系统疾病	先天畸形、变形和染色体异常（先天性心脏病）	先天畸形、变形和染色体异常
传染病和寄生虫病	神经系统疾病	呼吸系统疾病	循环系统疾病

注：括号内内容为这一大类死因中，顺位排名最高的疾病名称。
资料来源：《2021年中国卫生健康统计年鉴》。

二、生殖健康和母婴健康服务的国际经验

（一）通过多种模式，提供可负担甚至基本免费的全流程生育服务

向孕产妇提供医疗保健服务和带薪产假是生育保障的基本内容，为更好地保障产妇健康、收入能力及实现性别平等，各国生育保障立法中所包括的生育保障内容不断充实丰富，逐步覆盖产前、分娩、产后整个过程。其中，向孕产妇提供免费或至少可负担的由合格医师提供的产前、分娩、产后医疗保健服务，以维持、恢复、改善孕产期女性的健康及其工作能力是国际生育保障的重要内容[①]。

由于产后收入保障与产前、生产、产后全流程的医疗保障性质差异很大，其政策目标、筹资来源、支付方式都有所不同。总体来说，几个典型

---

① 赫君富、郭锐欣：《生育保障制度的国际改革趋势与启示》，《兰州学刊》2019年第6期。

国家对生育医疗费用的保障主要呈现出以下特点①。

一是生育相关的医疗费用主要与各自本身的医疗保障体系结合，从医疗保障中直接支付。由于生育与医疗保健密不可分，生育保险给付和医疗保险给付在性质与标准上有相似之处，在实行社会保障制度的国家，几乎都把疾病与生育归于同一类保障项目中，共同立法，实施方案也基本相同。例如，德国、法国等国家，生育费用主要从健康保险中支付；英国、澳大利亚等国家，产妇在公立医院享受免费产前检查及生育服务；美国主要由商业健康保险负担，符合收入要求的低收入人群，其费用由医疗救助计划按照一定比例负担；新加坡由保健储蓄计划支付。除支付方式外，以上不同医疗体制国家的生育相关医疗费用筹资并未与疾病诊疗有明显区分。

二是将生育保障作为一种福利措施。在一些总和生育率较低的国家，为应对人口老龄化和少子化现状，生育保障制度不仅是保障女性职工生育权的保险制度，更是鼓励国民生育的一种福利措施和激励机制。因此，一方面，生育保障制度覆盖人群较广，制度受益人群多，多个国家为保障女性生育，尽可能多地将职工或居民覆盖在制度范围内。另一方面，一些国家为准父母提供额外的激励补助，如日本孕产妇可以申请一次性定额分娩费用，且如果分娩费用低于一次性支付的金额，还可申请领取剩余金额。韩国政府从 2022 年起开始向准父母发放 200 万韩元（约合 1 万元人民币）的现金奖励，以帮助支付他们的产前费用，且将把目前每个孕妇的 60 万韩元的祝贺津贴增加到 100 万韩元。

三是为鼓励生育和促进产妇及新生儿的健康，不少国家免费提供含孕前检查、住院分娩等服务在内的生育服务。面对高龄产妇越来越多的情

---

① 典型国家主要包括日本、韩国、美国、英国、澳大利亚、新加坡、德国、新西兰、法国等发达国家及肯尼亚等发展中国家。

况，更多国家采取完善妇幼保健机构等基础设施，搭建孕期免费健康咨询平台，为育龄女性尤其是高龄产妇提供更多保障。

（二）高度重视不孕不育诊疗和辅助生殖质量控制

1. 辅助生殖的成本分担机制

在欧洲，除白俄罗斯、爱尔兰和瑞士外，大部分国家都为公民的人类辅助生殖技术治疗提供了资金支持。其中，丹麦、法国、匈牙利、俄罗斯、斯洛文尼亚和西班牙全额负担不孕不育治疗费用[①]。美国则有 15 个州的保险政策覆盖不孕不育治疗，即要求保险公司将辅助生殖纳入其保险方案。总的来说，辅助生殖的成本分担体现在以下几个方面。

一是多种渠道筹资，为辅助生殖提供成本分担。多数国家辅助生殖技术的应用并不在保险范围内，而是通过财政、慈善等方式提供费用分担。如德国、匈牙利、俄罗斯等均属于此列。

二是对辅助生殖的费用分担有明确的纳入排除标准。如日本对于年龄小于 43 岁、总收入少于 730 万日元的已婚夫妻，经医生确诊不能生育或其他治疗方案怀孕概率微小的人群，2016 年以前一个治疗周期最多资助 15 万日元，一年最多做 3 个治疗周期；2016 年以后，日本不再限制年限和次数，最多可以接受 6 次人工辅助生殖治疗资助（对于 40 ~ 43 岁的女性，最多资助 3 次）。2020 年底，为应对不断下降的生育率，取消了这一收入标准。美国多数保险策略也有此规定，其导向主要是避免不必要的辅助生殖，尽量保证效果。美国规定了特定的治疗过程，例如，在进行试管婴儿之前，必须进行一定数量的宫内人工授精试验。

三是考虑到社会公平，部分国家会采取对低收入群体补贴的方式进行

---

① 姚红、陈凯欣、陈丽云：《人类辅助生殖技术相关国际政策实践以及启示》，《人口与社会》2017年第1期。

成本分担，避免普惠性的政策造成过重的公共支出负担。随着筹资能力的逐步上升，及对辅助生殖需求的研判，再逐步扩大资助的范围。例如，部分国家对不孕不育夫妇进行收入评估，低于地区平均收入者优先，对每个治疗周期设定最多资助金额等。韩国与日本均是先为低收入群体提供财政资助，然后逐步降低收入门槛，取消收入限制。截至 2022 年 11 月，日韩两国均已将辅助生殖费用纳入医保支付范围。

2. 辅助生殖数据体系和质量控制体系

一是通过数据体系做好质量监管和患者教育。当前全球多个国家建立了数据登记体系，包括德国、美国、澳大利亚等。德国 IVF 数据登记中心要求数据具有真实性、严谨性、安全性、合理性、前瞻性和可溯源性，其登记数据质量较高，登记总可用周期数据高达 96.9%，具备前瞻性数据记录，电子化程度高，数据库管理经验丰富，有统一标准；上报中心数量多，数据收集持续、完善，达到统一管理、实时监控，且不断优化提高服务效率和质量的目的，能够优质服务医生、学者、患者、政府及整个行业的发展。

美国的数据登记和管理由美国疾控中心（CDC）、美国生殖医学会（ASRM）、美国辅助生殖技术协会（SART）协同管理，评估辅助生殖技术服务质量和预警健康问题。CDC 会将每一家中心的数据公开，并教育民众如何正确进行数据解读，便于帮助民众选择合适的机构。

二是做好严格的实验室人员质控监管。美国 CDC 和 SART 在对生殖中心临床医生质量控制上，除要求每个临床医生在培训阶段操作足够数量，且在监护下操作达到基本要求外，每个医生每年还需操作最低数量的取卵术，以维持其技术的有效性。所有新的实验室负责人须持有相应的资质证书，需要接受生物化学、细胞生物学和生殖生物学专家或相关专业的训练，有从事实验设计、统计学分析和问题解决的经历及不间断地接受 IVF 相关操作训练的经历。胚胎实验室的日常操作技术员，除了满足基本训练要求获得相关资格外，还需要每年接受至少 12 小时的连续性人类辅助生殖技术或临床实验室的相关学分教育，每年保持承担一定数量的人类辅助生殖技术工作以保持其操作的有效性[①]。

（三）医疗保障制度中普遍重视儿童优先原则

儿童健康权受到全球的普遍重视，世界大多数国家在医疗保障制度建设中普遍贯彻儿童优先原则。儿童可随其父母获得家庭联保或获得国家财政拨款。在国民整体医疗保障水平较高的国家，儿童医疗保障待遇与全体国民保持一致或略高。在国民整体医疗保障水平较为有限的国家，医疗保障资源向儿童倾斜，以保障儿童享有较高的医疗保障待遇[②]。

1. 纳入国家总体医疗保障制度

在实行国家卫生服务制度的国家（如英国、澳大利亚等），政府负责向全体国民免费或低费提供医疗服务[③]，儿童也同样作为国民的一部分，享受基本免费的医疗保障待遇。有些国家为儿童提供更加全面的保障范围，进一步提高儿童医疗保障水平。一是覆盖更多的健康服务，如牙科诊疗服务。英国对 16 岁以下的患者、瑞典对 20 岁以下的患者都采取牙科服务免费的政策；在古巴，儿童住院、用药全部免费，政府还为患儿免费提供营养配餐[④]。二是取消共付规定，即儿童不需个人自付。如英国免除儿童的处方费用，意大利、挪威取消 6 岁以下儿童就医的共付规定等。

---

① 赵晓苗、潘晓平、白符：《美国辅助生殖技术监控系统对我国辅助生殖技术管理信息系统建设的启示》，《中华生殖与避孕杂志》2019年第8期。
② 徐楠、顾雪非、向国春：《中国儿童医疗保障政策述评》，《卫生经济研究》2020年第3期。
③ 为避免医疗资源浪费，不少国家会有适度的费用分担，如支付处方费等。
④ 文情：《儿童社会医疗福利制度的国际比较及启示》，《劳动保障世界》2017年第27期。

在实行社会医疗保险制度的国家，通常遵循家庭联动参保原则，即参保人与其供养人（包括子女、配偶、父母）也被纳入这一保障体系，可享受与其相同的医疗保障待遇，无需额外缴费。亚洲的韩国、印度尼西亚、老挝、菲律宾，美洲的智利、巴西、秘鲁和欧洲的一些国家（如法国、德国、西班牙、匈牙利、奥地利、比利时、芬兰、希腊、卢森堡、保加利亚、波兰等）均实行此种做法[①]。同样，部分国家在一般性医疗保障待遇的基础上，提高了儿童医疗保障待遇，使其保障水平高于其他人群，主要表现在降低自付比例或取消自付部分。如阿根廷规定1岁以下患儿免费就医，日本、厄瓜多尔规定6岁以下可免费就医，拉脱维亚规定18岁以下均可免费就医等。

2. 建立针对性的儿童医疗保障制度

有的国家考虑到儿童的生理弱势性，也考虑到儿童福利的特殊性与重要性，专门为儿童设计了医疗保障制度，一是免费医疗，如越南、泰国、日本、巴西等国家对一定年龄的儿童实行免费医疗。二是社会医疗保险计划，如越南对6岁及以上学校儿童，由卫生部下属的医疗保险公司推行学校医疗保险。三是补缺型医疗保障，即医疗补助或医疗救助。如部分中低收入国家因缺乏足够的筹资规模，建立针对贫困家庭儿童的医疗补助计划；美国将符合收入要求家庭的儿童纳入医疗救助计划，又设立国家儿童健康保险计划，纳入家庭收入超出贫困线但又在一定标准之下，不能被医疗救助计划覆盖又难以负担商业医疗保险的家庭的儿童[②]。

[①] 赵东辉、汪早立、任静：《儿童医疗保障制度建设的国际经验及启示》，《中国初级卫生保健》，2013年第1期。

[②] 高收入家庭的儿童主要通过其父母的商业医疗保险实现费用分担。

三、完善生殖和母婴健康支持服务体系的政策建议

（一）构建全程全周期的整合型服务模式，提升生育服务体验

1. 合理优化服务资源和衔接机制，提升孕产妇生育体验

一是构建全程全周期整合型生育服务模式，提升孕产妇健康水平。以孕产妇在孕前、孕中、产后不同阶段的需求为核心，建议一要统筹整合婚姻登记、婚前检查、孕前优生检查服务，依托基层医疗卫生机构和计生指导机构，提供全流程建档跟进服务，根据新婚夫妇的不同生育需求提供针对性生殖及生育服务。二要以信息系统数据共享和孕产妇端手机应用等为平台，实现家庭医生签约服务与产科专科服务的有机结合和相互衔接，提高服务效率和宏观绩效。三要基于数据和模型开展智能化管理，做好风险预警，分清不同机构职责和转介流程，提高服务精度。

二是合理优化产科资源配置，更好推广无痛分娩，提升孕产妇生育体验。建议一要加强引导分级诊疗及双向转诊，通过绩效考核等激励措施完善专科医联体内的利益分配机制，提升基层机构能力，转变基层机构职能，做好服务衔接和信息共享，确保服务质量。二要鼓励社会办产科医疗机构发展，满足多层次需求，减轻公立机构压力。三要提高无痛分娩覆盖面，提升服务体验。可借鉴美国经验，合理优化麻醉医师劳动结构，增加麻醉师等辅助人员岗位设置，探索不同层级人才的培训、考核、管理方式，统一行业标准，降低培养和供给难度，满足无痛分娩需求。

三是完善孕产妇心理健康服务体系。一要将孕产期心理保健知识与技能纳入孕妇学校常规授课内容，帮助家庭更好为孕产妇提供支持。二要定期开展孕产妇心理健康问题的筛查和识别，加强相关科室人员心理危机识别意识。三要完善产科医生与心理医生、精神科医生的合作机制，建立中重度以上心理问题孕产妇的转介机制，及时开展干预。

2. 完善生育费用保障机制

建议拓展生育医疗待遇项目，探索试点区分生育津贴与生育医疗待遇，打破从业性质的限制，建立覆盖不同群体的统一生育医疗保障制度，把生育保障制度的覆盖范围由工薪劳动者扩展到全民，将现行生育保险制度中的生育医疗费用纳入基本医疗保险的范畴。同时相应地改变生育保障制度的筹资模式和管理职责，把生育医疗费用有关的职责继续划归医疗保障部门，把生育津贴制度的职责划归人社部门、卫生部门或民政部门。在此基础上，依托疾病诊断相关分组（DRG）、区域点数法总额预算和按病种分值付费（DIP）等医保支付方式改革，更好发挥医保控费作用，建立明确全流程生育医疗费用的临床路径。条件成熟时，整合生育保险、医疗保险、基本公共卫生服务等经费，优化临床路径，提供基本免费生育服务。

（二）完善不孕不育防治体系，提升辅助生殖技术应用水平

在低生育率背景下，使具有生育意愿的人群能够"生得出"是见效最快的鼓励生育的措施之一。

1. 加强生殖健康服务，预防不孕不育发生，做好育龄人群生育力保护

一要关口前移，做好健康教育和全流程预防工作，完善工作场所职业防护，建立心理健康服务体系，预防压力、肥胖、不良生活方式、高龄等带来的不孕不育。二要高度重视生殖健康服务，尤其要做好青春期性教育，合理引导正确的生育观，做好生殖健康和避孕知识宣教，控制无痛人工流产的夸大宣传，规范相关广告，完善人工流产服务流程，做好术前术后宣教，减少重复流产。三要将生育力保护的观念融入对妇产科、男科等生育相关科室的培训及考核中，加强多学科合作，减少医源性损伤，对确有生育力保

存临床需求的育龄人群（如会影响生育能力的肿瘤患者），合理放开冷冻卵子等辅助生殖技术限制。

2. 多措并举，规范不孕不育诊疗工作

能够获得规范的不孕不育诊疗是解决问题的关键。一要明确建立不孕不育诊疗路径和质量控制体系，规范诊疗工作。二要在进一步加强免费孕前优生检查时，加强孕产指导，做好跟踪服务，加大筛查力度，帮助育龄人群尽早发现、尽早干预，依托妇幼保健机构、原有计划生育服务机构、综合医院相关科室等，开展不孕不育咨询指导工作，建立分级诊疗体系，做好前期筛查，打通基层转诊绿色通道，对需要进一步治疗的夫妻进行及时转诊，为患者尽快就诊提供支持。三要通过教育和科普，建立起患者对于疾病和治疗路径的基础认知，避免医疗资源的浪费。四要合理认定当前不孕不育检查中符合疾病诊断治疗和医保报销要求的项目，避免将生殖中心相关服务"一刀切"地排除在医保支付范围外，减轻诊疗负担。

3. 从供需两方面入手，提升辅助生殖技术应用水平

从供给侧看，一要合理确定辅助生殖资源配置，完善对辅助生殖机构的评价和退出机制，实现机构动态调整。国际上，辅助生殖机构的评价体系包含多个指标，如周期数、妊娠成功率、累计活产率、出生缺陷发生率、并发症发生率等，通过多个维度对辅助生殖机构的质量进行管理。建议借鉴国际经验，结合我国实际，完善评价和退出机制，切实将《人类辅助生殖技术管理办法》中规定的校验机制落到实处，鼓励辅助生殖机构健康有序发展。

二要借鉴美国和德国的经验，建立辅助生殖技术评价数据登记系统，做好数据收集和质量评价工作，为合理配置资源提供依据，并引导辅助生殖机构更好地提升自身技术水平，提升辅助生殖成功率，减轻患者负担，同时也能帮助不孕不育的育龄夫妇做好决策，合理就医。

三要明确辅助生殖并非常规需求，仍应合理规划，严格技术审批，避免辅助生殖技术滥用。可通过强化分级诊疗，合理利用远程诊疗，建设供需平衡、布局合理的人类辅助生殖技术服务体系。

四要鼓励药品、设备等的国产替代，加强辅助生殖医务人员的培养，降低成本，提高成功率。

从需求侧看，当务之急是要建立完善不孕不育的整体诊疗路径。其次要多措并举，降低辅助生殖负担。从我国当前实际来看，将辅助生殖费用纳入医保尚存在困难，国际上，通常是设置明确标准，符合标准的不孕不育夫妇的辅助生殖费用由政府财政出资补贴。我国可考虑将合理的与疾病治疗本身密切相关的检查费用纳入医保报销范围，探索设置公益基金，政府投资撬动，鼓励社会参与；条件成熟的地区，可借鉴国际经验，探索设置明确的标准，对符合标准的育龄夫妇提供适当的补助。

（三）做好儿童保健工作，减轻医疗负担，提升儿童健康水平

1. 完善优生优育服务体系，更好防治出生缺陷

我国出生缺陷防治已经取得良好成效，但在三孩政策的背景下，高龄产妇数量会更多，占比会更高，补齐短板，优化服务，防治出生缺陷更加重要。一要完善流动人口服务体系，提高农村居民和流动人口婚前检查、孕前优生检查、免费服用叶酸等服务的覆盖率，补齐短板。二要优化婚前检查服务，进一步增强服务便捷性，条件成熟时可以考虑试点探索恢复强制婚检制度。三要解决障碍因素，做好产前筛查和遗传咨询，考虑加强人工智能等技术手段应用，培养遗传咨询工作人员，完善服务项目定价机制。四要增强产前无创基因检测等基因检测服务的可及性，总结地方民生工程经验，将条件成熟的服务纳入免费服务范畴，提升筛查效率。五要根据疾病谱的变化，合理调整新生儿疾病筛查病种，并做好筛查后的跟踪管

理。六要建立配套儿童康复体系，减轻出生缺陷的危害。

2. 做好儿童健康促进，提高儿童健康水平

保障儿童健康不仅可以减轻家庭负担，更是未来人力资本的重要积累。一要优化国家免疫规划，保障西部地区、农村地区免疫规划经费，研究将具备良好成本效益的、产能充分的疫苗纳入免疫规划，多渠道筹资，提高二类苗的覆盖率，降低儿童传染病发病率。二要加强儿童营养，当前母乳喂养率在农村地区有下降趋势，建议做好家长尤其是农村家长的健康教育，着重技能提升，规范婴幼儿奶粉的促销和不当宣传，加强监管，落实好欠发达地区的营养包计划。三要借鉴芬兰经验，完善基层医疗卫生机构与学校、幼儿园、托育机构的合作机制，加强信息衔接，深化教医联动，发挥公共卫生人员的作用，做好机构健康促进。四要应对儿童当前的疾病谱，切实加强疾病预防，建立儿童伤害预防体系，建立完善青少年儿童伤害监测系统，建立有效的社区健康和预防方案，完善有效的正规的预防方案，设置培训机构，提高儿童家长的急救能力，对家庭环境进行评估和改善家庭环境，形成良好的安全生活习惯。监督法律法规的执行，尤其是儿童安全座椅等的使用，减少或避免意外伤害事故发生。以学校为依托，做好溺水等儿童伤害的预防教育。

3. 优化资源配置，完善儿童医疗保障政策，减轻家庭医疗成本及时间成本

一要借鉴国际经验，稳步提高儿童保障水平。当前应考虑适当降低儿童的参保费用，降低儿童基本医保起付线、提高报销比例和封顶线，提高报销水平。在基本医疗保险制度体系建设中更多考虑儿童特性，科学划定儿童基本医疗保险偿付范围，更多将儿童门诊医疗服务纳入报销范围。在综合考虑医保基金收支压力水平的基础上，适当扩大儿童医保报销范围，扩大报销目录。提高基本医疗保险的公平性，要关注欠发达地区的儿童、流动儿童、留守儿童等群体，通过转移支付等方式加强欠发达地区医疗补助，发挥兜底作用，推进流动儿童医疗保险的转移接续。在此基础上，探索建立针对儿童的补充医疗保险，提高基本医疗保险报销后儿童自付费用的报销比例。加强制度衔接，有效引导慈善资源，研究解决儿童大病医疗费用的分担方式。探索借鉴德国、日本等社会医疗保险体制国家的经验，将儿童随其父母纳入职工医保范畴，提供更高的保障水平，有利于医保资金在代际间的合理转移。

二要建立儿科分级诊疗模式。建议依托区域儿童医学中心深化专科医联体建设，增强全科医生提供简单儿科服务的能力。依托公立医院薪酬制度改革，以儿童健康为导向，完善儿科医生激励机制，增强职业吸引力。

三要完善儿童用药保障。一是在保证药品安全性前提下加速相关儿童药品的审批，合理减少审批环节、提高注册效率，对市场上广泛使用且安全性有保障的药品的儿童剂型进行改进和剂量调整，也可实行优先审评。二是对相关儿童药品生产企业实行税收优惠政策，以切实鼓励药企对儿童用药研发的积极性。三是推进儿童用药纳入医保报销目录。四是加快儿童用药立法，为儿童用药保障提供依据。五是提升临床试验水平，鼓励医院建立临床试验型床位，做好临床试验保险机制，为儿童临床试验做好保障。六是做好儿童用药教育和用药服务工作，避免因为用药误区而引起不必要的健康损害。

执笔人：刘胜兰

专题报告二

提高托育和教育领域的社会化服务水平 ①

　　近年来，少子化和老龄化正在成为我国人口发展的主要特征，对国家人口安全、社会安全、经济可持续发展形成严峻挑战。在此背景下，党中央果断决策，实施三孩生育政策，以顺应人民群众期待，释放生育潜能，促进中长期人口均衡发展。社会各方面对此高度赞成，同时也普遍认为，保障新生育政策的目标顺利实现，关键是要提出一系列有助于缓解育儿压力、增强生育意愿的社会支持措施。

一、育儿成本过高是抑制生育意愿的主要因素

　　生育行为是多重因素综合作用的结果。实施三孩生育政策，意味着我国人口生育的政策限制已经基本取消，相比较而言，过高的育儿成本已成为制约生育的主要因素。事实上，在前一阶段"全面二孩"政策实施过程中，由于"养不起、没人带"等造成生育意愿较低的问题已经集中凸显，主要表现在以下方面。

　　一是社会化托育服务严重不足。一方面，传统家庭抚育虽然在育幼中仍然发挥基础性作用，但是在家庭规模逐步小型化、女性受教育程度和劳

　　① 　原文载于佘宇、单大圣：《刽约生育潜能释放的成本因素及社会支持措施》，《行政管理改革》2021年第9期。

动参与率不断提高的情况下，家庭育幼越来越受到工作时间、生活成本、机会成本等因素制约，育龄女性面临工作和家庭平衡问题，即使是隔代抚养也越来越不适应现代养育要求，城乡家庭对社会化托幼服务的需求越来越强烈。另一方面，原有计划经济时期由政府、单位举办的托幼机构逐步瓦解，社会化托幼服务供给严重不足。2019 年全国人口监测和家庭发展抽样调查显示，我国总体入托率仅为 5.6%，且托幼机构普遍"小散弱"，监管缺失、收费较高、内容不规范，幼儿人身安全、食品安全和服务质量得不到有效保障，而 2014 年 OECD 国家的平均入托率大致为 34%。随着更多新生婴儿的到来，必然引起对社会托幼服务需求的极大扩张，托幼服务供需失衡的问题会更加突出。与之相类似的，还有义务教育阶段低龄学龄儿童的课后托管服务缺失的问题。

二是公益性学前教育服务短板较大。学前教育具有养育、教育、社会化看护等多重功能。学前教育学位缺口问题在 21 世纪的头十年曾经非常突出，经过 2010 年以来的几轮行动计划，目前已经有明显改善，2020 年学前教育毛入学率已达 85.2%，普惠性幼儿园（公办幼儿园和普惠性民办幼儿园）覆盖率达到 84.74%①，供需矛盾似乎不那么尖锐。但是，相当一部分的普及成果是依靠社会力量实现的，政府举办的公办幼儿园占比仍较低（刚刚超过 50%），且存在缺乏稳定财政经费保障、投入体制机制不健全等突出问题，一部分学前教育服务是由政府支持下的收费较低的民办园提供，保教质量总体不高，而一般的逐利性民办幼教机构只能提供基于家庭经济承受能力的选择性服务。在边远农村地区，学前教育普及的基础更为薄弱，特别是公办园不入村、乡镇民办园收费较高、家庭能力有限、家到幼儿园距离远等导致低收入家庭儿童无法入园。未来一个时期，学前

---

① 中华人民共和国教育部：《2020 年全国教育事业统计主要结果》，2021 年 3 月 1 日。

教育数量、布局、结构、质量等还在深度调整中，将显著影响有孩家庭的预期。

三是教育机会不均衡加剧民生焦虑。一方面，教育面向千家万户、关系个人成长成才，是基本的民生需求。我国基础教育虽已基本普及，"上学难、上学贵"的问题也初步解决，但是随着发展阶段的变化，社会公众的教育焦虑反而更加强烈。2020年，我国人均GDP连续两年超过1万美元，中等收入群体扩大到4亿多人，迈向高收入水平的群体对高质量、多样化的教育需求日益增长，对教育的关切度更高。另一方面，由于高等教育单一的考试选拔制度没有改变，职业教育人才培养与社会需求脱节，导致基础教育的应试升学倾向越来越强，加上城乡、区域、学校、群体间基础教育优质资源配置不均衡，使得教育的竞争性、选拔性、淘汰性也越来越强，不断加剧家长对子女学习成绩和考试升学等问题的焦虑，产生了学区房、校外培训、陪读陪学等现象，不仅导致巨大的经济支出压力，也耗费了家庭大量的时间和精力。国务院发展研究中心调查数据显示，子女处于义务教育阶段的家庭中，孩子参加主科课外辅导、培训班或请家教的占比为28.7%。

四是儿童和家庭发展的公共政策支持力度弱。改革开放以来，我国社会保障和社会福利制度建设，均以社会成员个体为实施对象，从劳动人口扩展到非劳动人口再到儿童、老年人等群体。专门针对儿童的公共政策，只有特殊儿童保障措施及免学费、营养餐、学生资助等政策，家庭支持政策仅限于低保、住房保障等，且没有考虑无子女、单子女、多子女等差异化情况，儿童公共服务设施缺乏且高度碎片化，这在家庭功能不断弱化的情况下，难以针对性缓解过高育儿成本的实际困难。家庭为主的育幼成本分担机制，使得支付能力成为是否生育的决定性因素，在育幼成本不断提升的情况下，必然从整体上抑制全社会的生育意愿。反观发达国家，普遍建立了以津贴为主、多种形式并存的儿童福利制度，不仅鲜明体现了鼓励生育的政策导向，而且具有儿童早期干预、提高全社会人力资本水平的效果。

总之，鉴于育儿成本过高已成为抑制生育意愿的主要因素，必须通过适当的公共政策干预，实现育幼成本的合理分担，才能减轻家庭尤其是多孩家庭抚养幼儿的经济和人力负担，从而最大程度释放生育潜力。

二、加快扩大社会化托育服务资源

当前，要针对多元的托育服务需求，多措并举，加快探索多种形式的托育服务模式，积极扩大社会化托育服务资源，形成家庭主责、社区依托、机构补充、社会支持的育儿服务格局。

一是扩大家庭育儿的指导、支持等服务。家庭养育仍然是幼儿养育的主渠道，但是育儿的科学指导、服务支持也十分重要，需求也很迫切。建议将家庭育儿指导纳入社会公共服务内容，卫生健康、教育等部门要加大工作力度，积极扩大公益性育儿指导资源，探索建立公益性育儿（早教）指导服务机构，开发育儿指导公益平台和课程资源，鼓励中小学校、幼儿园、公办托育服务机构、社区等为婴幼儿家庭提供示范指导，积极开展养育课程、父母课堂等公益性育儿指导和实践活动，提高家庭科学育儿素养和能力。综合采取补贴、奖励、购买服务等扶持措施，积极培育家庭教育服务机构。加强资源整合和统筹协调，为婴幼儿家庭开展婚前保健、孕产期保健、儿童保健、预防接种、安全防护、疾病防控等服务，积极开发家庭教育类公共文化服务产品。

二是扩大社区托育供给。在托育机构建设成本较高的情况下，立足社区扩大托育服务供给是一种较为经济、实用的策略。建议充分发挥城乡社区公共服务设施的婴幼儿照护服务功能，通过场地和硬件支持、购买服务等，支持专业服务机构依托社区加强网点建设，提供就近的全托、上门、短时托管、突发情况救护等多元化服务。依托政府机构网络，探索社区儿童综合性早期发展中心建设，加强和所在的社区、家庭的合作，提供家庭指导服务。针对边远农村地区，可依托村委会（居委会）、幼儿园等已有公共设施甚至闲置用房，设置或嵌入儿童发展中心，不具备机构集中提供服务条件的地方，可通过政府购买服务，聘用县内大中专毕业生或经过培训的在村妇女，因地制宜，因才施策，采用社区中心模式或入户家访模式，提供养育辅导服务。中国发展研究基金会 2015 年启动的 0 ~ 3 岁 "慧育中国：儿童早期养育项目"，成功探索了方便可及、成本适宜、公平普惠、干预有效的 "家访" 模式，已在甘肃华池、新疆吉木乃、青海乐都、湖南古丈等地全域实施，为扩大社区托育供给提供了宝贵的试点经验。

三是统筹推进托育服务机构建设。充分考虑各地国土空间规划、服务人口和半径等情况，通过新建、改扩建等多种方式，统筹托育服务设施数量、规模和布局，构建公办机构示范指导、普惠性机构基本保障、非普惠性机构多元补充的托育服务基本格局。要发挥中央预算内投资的引导和撬动作用，主要向中西部地区、农村地区倾斜，地方各级政府要履行好托育服务建设投入的主体责任。加大政府支持带动社会力量投入，进一步疏解社会力量进入托育服务市场的堵点和难点，通过提供场地、优化准入管理、财政补贴、税费优惠、减免租金、优先保障建设用地、设施和部位改造支持等政策措施，帮助举办者解决机构选址难、运营成本高、风险责任大等突出问题，激发市场活力，建设一大批方便可及、价格可接受、质量有保障的托育服务机构。创新体制机制，采取公办民营、民办公助、购买服务等方式，鼓励和支持社会力量参与推动托育服务设施建设和运营。从实地调研情况看，不同地区、不同规模、不同类型的托育机构，其建设成本存在较大差异，因此，对托育机构的支持也要分类指导、精准施策。

四是多渠道扩大托育托管资源供给。在扩大普惠性教育资源过程中，同步推动公办教育机构服务范围向托育领域延伸，将教育、托育一体考虑，是扩大托育服务资源的又一条有效途径。比如，要积极鼓励资源相对充裕、办园条件较好的幼儿园开设托育班，按照托幼一体化的原则新建、改扩建公办幼儿园，政府在经费投入、机构编制等方面加大保障力度，鼓励民办幼儿园开设托育班。又如，一些城市中小学探索出了延迟放学、课后文体活动、社会实践项目和托管服务等，要总结相关经验，形成固定的工作机制。此外，还要鼓励支持工业（产业）园区、企事业单位、高校、妇幼保健机构、商务楼宇等利用自有土地或设施，以单独或联合举办的方式建设公益托育服务设施。

五是加强托育服务保障。要加强托育行业监管，严格从业人员准入管理，加紧研究制定机构管理规范、从业人员资格标准和行为规范，加强安全、卫生、保健等常态化监管，强化行业自律、托育质量评价与监测。加强从业人员培养培训，在职业院校试点开展托育服务相关专业人才培养，依托妇幼保健、公共卫生、学前教育、儿童保护、社区工作、妇联等领域的基层队伍，加强指导和引导，实现资源共建共享，鼓励行业协会、社会组织和专业智库研制托育服务从业人员培训课程指导标准，依托公办托育服务机构和承担指导功能的示范性、综合性托育服务中心，实行托育机构负责人、从业人员定期培训和全员轮训制度，加强相关业务指导。

三、建设公平优质的学前教育体系

根据国务院发展研究中心社会和文化发展研究部人口迭代模型测算，我国城镇学前教育学龄人口数量预计在 2022 年达到峰值后缓慢下降，而农村学前教育学龄人口数量则一路下滑（到2030年几乎减少一半）。而国务院发展研究中心"中国民生调查（2020）"显示，"周边没有公办园（或普惠性民办园）或学位不足"和"想进公办园（或普惠性民办园）进不去（受户籍、房产等限制）"排在子女没有上普惠性幼儿园原因的前两位，占比分别为38.4%和23.2%。鉴于此，建议学前教育行动计划在巩固普及成果的基础上，要更加突出兜底线、促公平、提质量的导向。

一是进一步发挥好公办园兜底线、补短板的主体作用。加强省级统筹，综合考虑人口数量结构变化和城镇化的进程，逐步提高公办幼儿园比例，多渠道挖潜增量。严格落实《中华人民共和国城乡规划法》，加强城镇小区配套幼儿园建设并及时纳入属地行业管理，确保公益性。通过利用城市更新、产业结构调整腾退出的空间新建改扩建幼儿园，支持机关、国有企事业单位、街道、部队、农村集体办园，多种方式扩大资源供给。抓紧理顺机关、企事业单位、城镇街道和集体办幼儿园的办园体制和管理体制，加强政府财政保障和收费行为监管，实行全行业属地化管理。精准规划资源布局，新增公办幼儿园要重点加大对农村、学前教育资源短缺地区的支持力度，优先安排在农村边远脱贫地区，并根据人口分布和需求变化动态调整。

二是引导民办幼儿园提供普惠性服务。社会力量举办的幼儿园，扩大了学前教育资源总量，在政府引导下也能提供普惠性服务。未来一个时期，在政府财力还难以保障所有学前教育需求的情况下，仍然要坚持公办民办并举，综合采取政府奖励、购买服务、减免租金税费、水电气价格优惠、派驻公办教师、教师培训、办园指导及园所共建等措施，大力支持民办幼儿园发展；要根据区域实际情况，在保障安全的前提下，适当调整或放宽现有的场地、面积等准入门槛，努力扩大学前教育资源供给。社会力量举办的体制决定了民办幼儿园总体上还是要面向特定人群提供选择性服务，否则不可持续。要基于实际办园成本，充分考虑家长承受能力、当地经济发展水平等因素，建立合理的定价机制和收费标准，加大对农村地区居民及家庭经济困难等群体资助力度，确保其子女能够享受价格适宜的学前教育服务。同时，要按照 2016 年修订的《民办教育促进法》关于对民办学校实行分类管理的要求，加紧推进民办幼儿园按营利性和非营利性分类登记、分类管理，将目前政府针对普惠性民办幼儿园、一般幼儿园的扶持政策逐步转换为针对营利性幼儿园、非营利性幼儿园的分类扶持政策，确保平稳过渡。

三是着力补齐农村学前教育短板。农村是我国学前教育的最薄弱环节，要加大投入，补齐短板。建议"十四五"时期，整合各项资金，设立专项，完善农村幼儿园布局，在中央财政支持学前教育发展资金中划定专门经费集中用于发展脱贫地区村级学前教育，重点增设村级公办园或幼教点。借鉴实施乡村教师生活补助政策的经验，积极探索实行乡村公办园教师生活补助政策，吸引、稳住农村幼儿园教师队伍。对于边远农村地区，由于经济发展水平相对落后，人口居住更为分散，社会发展程度低，实施机构化的学前教育往往成本高、难度大，需要因地制宜，积极探索适应当地特点的适宜的服务提供方式。有条件的地方，可以通过政府购买服务的方式聘用教师，普及脱贫地区农村学前教育，中国发展研究基金会在中西部农村开展的"山村幼儿园"实验，通过志愿者的方式聘请幼儿教师，生均成本仅 2000 元。

四是提高保教质量。学前教育虽然以游戏活动为主，但也要更加重视保教质量，这方面已经引起了社会很大的焦虑。要通过制定公办幼儿园生均财政拨款标准、民办园补助标准，加大学前教育财政投入，形成完善的投入保障机制。严格落实幼儿教师专业标准、资格准入制度，针对体量巨大的幼儿园教师队伍，全部采取编制的方式进行保障，不太现实，也不符合事业单位改革的方向，主要工作应当是首先保证工资按时足额发放、不同身份教师同工同酬，将所有幼儿教师同等纳入教师全行业管理；同时在住房、专业发展、补充社会保障等方面给一些实际的政策，从整体上同步提高公办园、民办园教师待遇水平，拓展职业发展空间。要将各类幼儿园均纳入学前教育质量评估体系，加强日常办学行为监管，杜绝"小学化"倾向，提高教师保教水平。

四、深化教育综合改革，缓解教育焦虑

当前，全社会普遍的教育焦虑既是进入高收入社会阶段后民生需求不断升级的具体体现，也与不均衡的教育资源配置和不合理的教育评价体制有关。在这方面，不能局限于一般的治理整顿，否则往往只能消除表面现象，新的问题很可能又会以另外的形式表现出来。必须在深化教育综合改革中形成大的思路，着重应聚焦以下几个关键环节。

一是切实落实政府兜底线、保公平的责任。我国教育体量大、战线长，政府财力又十分有限，一下子实现高水平的教育普及难度很大。在这种情况下，相关政府部门在以点带面、重点发展、示范带动的观念支配下，总是将稀缺的优势资源配置到强势地区，以打造水平较高的样板，走非均衡再到均衡的发展道路，这是造成教育资源配置不公的重要原因。未来，增进教育公平、缓解教育焦虑，关键是政府要公平对待城市和农村教育，公平对待区域内的每一所学校，在教育资源配置上要尽可能做抬高底部、雪中送炭的事情。为此，必须建立对地方政府促进教育公平的政绩考核制度，也就是在评价一个地区教育发展成绩时，不是看升学率的高低，而是看学校和学校之间的差距有没有缩小。比如，在教育督导中，不仅看教育普及状况，还将教育公平程度纳入对省级政府履行教育职责的督政内

容，对落实不力的实行问责并督促整改，形成硬的约束，推动各级政府切实履行促进教育公平的主体责任。

二是更大力度促进义务教育均衡发展。我国义务教育办学差距大，尤其是区域内学校差距明显，导致普遍的择校现象，已经成为十分突出的教育民生问题，而且这种现象正在从大中城市向县镇蔓延，是导致教育焦虑的极重要因素。近来社会反映强烈的校外培训问题固然与培训市场不规范有关，但也与校内教育资源不均衡有很大关系。义务教育是为学生提供基础知识、基本技能的教育阶段，学生的个性尚未展现，兴趣特长尚未定型，各种形式的分层教育、过度教育无疑是有害的，基于免试入学的低竞争、宽口径、慢节奏的学习方式才更有益于学生健康成长。关键问题是如何消除已存在的区域内学校差距。对此，政府一方面要转变职能，真正做到公平公正，着重加强薄弱学校投入；另一方面要采取一些实招硬招，比如建立教师定期流动机制，将重点高中的招生指标平均分配到区域内初中，等等。

三是推动高等教育和职业教育多样化发展。高等教育要切实扭转贪大求全、千校一面的倾向，按照研究型、应用型、职业技能型三种形态对高校进行分类，实行有区别的投入和管理制度。合理确定各类高校的层次，高校的办学导向不应是片面追求升格，而是要面向区域经济社会发展需求，根据自身优势打造特色、加强内涵建设、提高教育质量，真正培养出合格、适宜的人才。职业教育要加大投入，坚持产教结合、校企合作，办出特色，强化实践导向，加大实践性课程比重，完善实习实训体系，增强人才培养对社会需求和就业的适应性。增强职业教育的开放性和灵活性，高中阶段教育"普职比大体相当"原则总体要坚持，但要从全国职业教育整体上理解这一要求，针对具体区域实行分类指导，比如优质职业教育资源较多、学生升学需求强烈的大中城市，应允许职业学校跨区域面向欠发达地区应届毕业生招生，面句退役军人、下岗职工、农民工等群体招生，以顺应差异化的教育需求。

四是优化教育结构和学制。随着民生需求升级，加上教育内部关联性越来越强，我国教育民生关切点已经不局限于某个阶段，而是向各级各类教育拓展，使得结构、学段等问题逐渐凸显，比如高中阶段强制分流问题以及连带的中考问题、小升初问题等，都引发了很大的焦虑。2020 年高中阶段毛入学率达 91.2%，已基本普及；高等教育毛入学率达 54.4%[①]，进入普及化阶段，城乡家庭也普遍表现出了接受更高层次教育的强烈愿望。"十四五"期间，要积极探索将学前教育、普通高中教育逐步纳入免费范围，逐步过渡到义务教育，使绝大多数新增劳动力都能接受高中阶段教育。另外，互联网、大数据、人工智能的兴起使得现代社会对知识、技能的要求发生了深刻变化，原来适应工业社会的学习内容和方式亟待调整，尤其是应当压缩一般性知识学习，更加注重创新精神、实践能力和个人潜能的培养。因此，在教育快速普及的今天，还应前瞻性思考我国教育的学制和结构问题，比如适当缩短基础教育（从小学到高中）年限，将职业教育的起点延至高中阶段以后，等等，这既是教育适应社会发展和人才培养的需要，也为缓解基础教育过度竞争提供条件。当然，改革基础教育学制是一项重大决策，需要十分慎重，必须进行周密的政策设计。

五是深化招生体制改革。以往的高考改革、中考改革，主要着眼于考试内容、形式的改革，每次改革都引起了学校、家庭、社会极大的焦虑，最后的改革方案不得不较多照顾外部对教育的需求，比如公平、就业等，反而违背了改革的本意，加剧了矛盾。考试和招生，目的是科学选拔

---

① 中华人民共和国教育部：《2020年全国教育事业统计主要结果》，2021年3月1日。

人才。在考试招生体制中，招生更带有根本性，考试是为招生服务的，是招生的手段。当前，学生学业负担重、应试学习只是一种表面现象，其实质是学生被迫压缩式学习那些不感兴趣的内容，没有兴趣就没有真正的学习。因为这些学习内容都是由统一考试决定的，根本原因就是学校招生过于粗放，对个人禀赋、兴趣的差异、人才培养规格的差异考虑不足，用统一考试这把尺子来录取学生，导致学生被动学习。因此，改革的方向是落实招生自主权、分类考试，从而激发中小学校教学活力，促进学生主动活泼地学习。

五、构建生育友好型的家庭福利政策

家庭是人口最基本的发展单位。家庭作为天然的生存与情感纽带，具有养育子女的法定责任和义务，也是子女接受教育的主体。但是，家庭并不是唯一的责任主体。特别是在进入工业化之后，由于儿童发展对社会的巨大外部性，随着家庭功能不断弱化，政府能力不断增强，通过成本合理分担，实现儿童养育责任部分由家庭向国家和社会转移是必然趋势。对我国来说，转变社会福利提供方式，构建包括健康、教育、住房、税收、公共交通等在内的家庭福利政策体系，既是改善民生福祉、促进社会公平的内在要求，还具有强化生育社会支持的功能。

一是加强顶层设计。建议"十四五"期间启动国家层面以家庭为基本单位的福利政策设计，明确家庭福利的主管部门，提出系统的家庭福利政策框架与服务体系框架。考虑到家庭福利诉求的多元化，家庭福利政策在起步阶段不宜面面俱到，要循序渐进。首先要坚持儿童优先原则，重点体现对家庭中儿童的支持，树立生育友好型的政策导向，目标是针对有孩家庭、多孩家庭面临的实际需求，通过公共服务设施、现金转移支付、税收优惠、直接服务等途径，有效促进育龄女性工作与家庭的平衡，提高家庭为儿童提供养育、教育等服务的能力，使家庭能够自主决定生育的地点、时机，充分激发育龄夫妇再生育愿望，同时促进改善育儿质量、增进家庭幸福。

二是积极探索并完善产假、陪产假、育儿假、生育津贴及弹性工作安排等相关政策。坚持男女平等基本国策，强化两性在家庭抚育方面的平等责任，借鉴国际经验，将产假和配偶陪护假合并为夫妻双方共享的家庭育儿假，增强产假灵活性，为父亲育儿创造条件，营造家庭共同承担养育责任的良好氛围。在现有生育保险基础上，进一步加大公共支出对产假期间职工收入的保障力度，扩大制度覆盖范围，提高待遇保障水平，完善生育津贴功能，推动建立覆盖城乡居民的生育保险制度。可以借鉴新冠疫情防控期间失业保险稳岗返还政策的经验，考虑由生育保险基金对雇主进行补偿，以补偿企业或单位实际承担的女性生育隐形成本。

三是加强税收、财政支持。建议将个人所得税的纳税单位从个人调整为家庭，采取以家庭申报为主的方式。提高 0～3 岁婴幼儿照护费用纳入个人所得税专项附加扣除标准，在具体政策设计上体现对单子女、多子女等不同家庭的差异化扶持，对二孩家庭、三孩家庭给予更高的子女教育专项附加扣除额度，探索专项抵扣从定额扣除向据实扣除方式转变。进一步拓展政策空间，比如探索对雇用生育二孩、三孩女性的企业进行税前工资加计扣除，财政承担女职工产假期间社保缴费，对不符合缴纳个人所得税标准的低收入人群实行现金补贴、租房和购房补贴等措施。

四是推动家庭友好工作场所建设。鼓励有条件的用人单位提供更多的育儿便利条件，比如自办、联办或利用闲置厂房、场地等引入第三方专业机构在工作场所提供托育服务，有条件的可向附近居民开放。鼓励用人单位（特别是女职工人数较多、条件成熟的企事业单位、开发区、工业园区等）为母乳喂养提供必要支持和配套设施，包括设立哺乳室、爱心母婴室等设施，配置电冰箱、电磁炉等设备。健全工作福利制度，保障劳动者特别是女性合法就业权益，减轻生育对女性在就业、晋升等方面显性或隐性的歧视。探索更加灵活的工作模式，为有育儿需求的员工进行远程办公、居家办公等提供便利。

应该说，对制约生育意愿的成本因素及应对措施，国家及有关部门已经有比较全面准确的认识，也出台了相关文件，相信后续的政策力度会逐步加大。但是，许多人对生育政策调整后生育潜能释放的效果仍然有许多疑问，因为每个个体的生育决策十分复杂，涉及方方面面，很难准确预测。笔者认为，人口再生产是长周期事件，类似生育政策这样重大的社会政策，育龄青年、家庭、社会都需要一个消化吸收的过程，生育潜能释放将是一个长期的过程，甚至可能出现反复，这些都是正常的。既不能指望一招就灵，也不可能一劳永逸。对已经出现的消极现象，不必过度焦虑，要保持战略定力，按照既定的决策部署，确保各项社会支持措施真正落地、有效衔接，这需要各地区各部门各方面共同努力，相互支持，久久为功，才能真正实现适度生育水平的目标。

执笔人：佘宇　单大圣

推进更注重工作和家庭平衡的劳动力市场政策

改革开放以来我国经济保持了持续高速增长，人民生活水平和医疗卫生水平迅速提高，加上严格的计划生育政策，我国快速实现了人口转型。2020 年中国人口出生率为 8.52‰，首次跌破 1%，人口自然增长率降至 1.45‰，而 2022 年这一比例降至 −0.60‰，60 多年来首次出现人口负增长。预计"十四五"期间我国将进入人口负增长时代。这意味着我国人口形势已经发生根本性变化，人口减少与少子老龄化一体两面，成为影响我国人口长期均衡发展的核心问题，未富先老的挑战比预期的更为严峻。从国际经验看，经济发展往往会带来生育率的下滑，发达经济体普遍面临低生育水平的挑战。如何在一个现代化社会下保持生育率处于合理水平成为很多国家面临的挑战，其中，通过改善劳动力市场制度促进工作和家庭的平衡已经成为重要的政策工具。

一、支持生育和家庭发展的劳动力市场政策体系应促进工作和家庭的平衡

（一）促进工作和家庭的平衡对于维持合理的生育水平有积极意义

"就业—生育"关系最经典的论述来自加里·贝克尔创立的新家庭经

济学，认为女性劳动收入提高了生育的机会成本，从而降低了生育意愿，因此女性劳动参与率高会导致生育意愿下降。然而，进入 20 世纪 80 年代后，发达经济体中，女性劳动力市场参与率与总和生育率之间的关系有所转变。Myrskylä 等人于 2009 年指出人类发展指数提高会导致生育率先下降，而后缓慢回升[1]。Ahn 等人的研究显示当经济水平足够高之后，女性"就业—生育"关系为正相关[2]。对东亚的研究也表明，当经济发展水平和女性的劳动参与水平都足够高时，生育率可能呈现 U 形转变[3]。很多学者认为生育率在社会发展达到一定水平时触底回升的重要原因是两性平等[4]。

当各国政府逐渐认识到促进工作和家庭的平衡能够促进女性就业，并维持一个合理的社会再生产水平后，人口政策乃至家庭政策和社会政策开始由"男人养家糊口"模式转向"双薪家庭"或"成年工人"模式。新的家庭模式将充分考虑职业女性的需要，将包括那些母亲在内的所有公民整合到劳动力市场中。青年女性需要更平等的就业环境，如果她们多处于失业或者不稳定的就业中，就业与母亲身份之间特别难以协调，造成的后果就是极低的生育率[5]。劳动力市场政策因此更强调帮助女性劳动者对抗工作与家庭中的社会建构的不平等，使得她们能够在劳动力市场上与男性平等竞争。而且，工作和家庭平衡的政策制定以后，被人们当作全体父母的一项基本权利，劳动者无需再与雇主进行协商[6]。

---

[1]　Myrskylä M，Kohler HP & Billari F，"Advances in Development Reverse Fertility Declines，"Nature 460（2009）741–743.

[2]　Ahn N and Mira P，"A Note on the Changing Relationship Between Fertility and Female Employment Rates in Developed Countries，"Journal of Population Economics 15（2002）：667–682.

[3]　Nakagaki Y，"Fertility，Female Labor Participation and Income in East Asia，"International Journal of Development Issues17（2018）：69–86.

[4]　Lacalle–Calderon，Maricruz，Manuel Perez–Trujillo and Isabel Lopez Neira，"Fertility and Economic Development：Quantile Regression Evidence on the Inverse J–shaped Pattern，" European Journal of Population 33（2017）：1–31.

[5]　Josta Esping–Andersen，Why We Need a New Welfare State. Oxford：Oxford University Press，2002.

[6]　Brandth–B，Kvande E，"Flexible Work and Flexible Fathers，"Work，Employment and Society 15（2）：251 – 67.

（二）促进工作和家庭平衡的主要政策工具

提供产假是"工作—家庭"友好型家庭政策的主要政策工具，帮助父母可以兼顾工作和家庭，特别是鼓励男性更多参与到育儿中。更加平衡的家庭模式中，父亲和母亲既是劳动者也是家庭照顾者。关于产假规定对生育率的影响和产假的具体制度设计密切相关，因此制定合理的产假规定就显得十分重要。Rønsen 认为，在挪威和芬兰，产假的延长可积极影响生育率[①]。但 Leigh 的研究表明，产假过长可能导致脱离劳动力市场，使母亲相对于其他妇女和男子的就业和收入前景黯淡，从而增加生育的间接费用[②]。随着制度的改革，除产假外也出现了能够在父母双方间分配使用的带薪父母假，这类政策最早出现在北欧，允许根据家庭需要让父母双方自由分配一定时长的带薪假期。作为父母假的延伸，瑞典、丹麦、法国、比利时等国在 20 世纪 80 年代后推出了带薪父育假，目的在于提高父亲的休假水平，促进父母共同分担育儿责任，减轻劳动力市场中女性相对于男性的不利地位。

增加工作安排的弹性、提供工作场所的育儿便利也有利于父母更好地平衡工作和育儿的关系。在英国，依据相关规定，如果雇员连续工作 26 周，基于照顾 6 岁以下子女或 18 岁以下残疾子女的需要，可以向雇主请求进行弹性工作安排[③]。政府还通过多种途径宣传和鼓励雇主采取措施满足雇员对弹性工作的要求，并设立基金帮助雇主制定相应的措施。由企业提供哺乳室、托儿所等也是行之有效的措施。韩国政府规定，有 300 名以上女性固定员工的中大型企业需要设立育儿设施。如有特殊原因不能设立、

---

① Rønsen M，"Fertility and Family Policy in Norway-A Reflection on Trends and Possible Connections，" Demographic Research.

② Leigh J P，"Sex Differences in Absenteeism，"Industrial Relations 22（1983）：349-361.

③ 葛家欣：《雇员弹性工作请求权的法律保障及启示——基于英美立法的考察》，《经济社会体制比较》2022年第5期。

员工不得不利用附近育儿设施的，企业需要承担部分费用，政府对相关的费用进行补助并实行税收优惠政策^①。日本很多学校、医院、养老院等女性劳动者比较集中的行业也往往通过设立育儿园及哺乳室等设施方便员工，以达到提高生产效率，降低员工流失率的目的。

（三）促进工作和家庭平衡的劳动力市场政策应兼顾几个关系

由于涉及家庭内部、性别之间、职工之间以及职工与雇主的各种利益关系，受各国劳动力市场状况、生育水平、经济发展水平及文化传统等的影响，各国促进工作和家庭平衡的实践既有共通之处，又有所差异。要真正实现营造生育友好的社会政策环境、帮助在职父母更好平衡工作和家庭、保障劳动者权益的目标，必须要在充分考虑各个利益群体诉求的基础上制定制度方案。

第一，劳动力市场政策改革的核心目标是帮助劳动者实现在照料孩子和参与社会劳动之间的平衡。随着技术的进步和生产生活方式的转变，劳动者受教育时间延长，劳动力市场竞争压力加大会带来工作时间延长，养育儿童需要的时间投入也在增加，三者的增长彼此关联，导致恶性循环。父母需要在自身人力资本投资、工作和儿童人力资本投资中花费大量时间，但三者都集中在人的中青年时期，存在较强的竞争关系。因此中青年劳动者在时间和精力上越来越难以实现照料孩子和参与社会劳动之间的平衡。从各国的实际情况看，在难以平衡的条件下，人们将更倾向于降低生育水平。因此，公共政策需要对劳动力市场进行规范，帮助劳动者重新实现这一平衡。

第二，劳动力市场制度需促进劳动者个人、雇主以及其他企业在分

---

① 王欣：《韩国的育儿现状及育儿支援动向》，《教育导刊（下半月）》2010年第2期。

担人口再生产成本上的平衡。不少研究从经济视角解释了家庭意愿生育水平明显低于社会期望生育水平的原因，一方面父母在养育孩子中成本上升但收益下滑，另一方面生育对整个社会及社会的长远发展的正外部性越来越强。生育支持政策就是要将一部分生育养育成本从家庭内部转移出来，由社会共同承担。因此，不但要避免劳动者因为生育养育在劳动力市场中受到歧视，也要避免这些劳动者的雇主成为生育成本的主要承担者，在与其他企业的竞争中处于不利地位。

第三，劳动力市场制度还需要促进性别间劳动分工的平衡。生养孩子会对母亲的收入造成明显的负面影响已经被很多研究反复证明。其核心原因在于，尽管女性的人力资本、劳动参与率等都有了明显的提高，在社会分工上性别间的差异在缩小，但在家庭内部，女性仍然是家务劳动的主要承担者，这一点在照料孩子上尤其突出。而受社会文化的影响，男性参与家务劳动的重要意义却长期被忽略，缺乏支撑性的社会环境，更难以得到雇主或同事的支持。因此，需要从经济和社会文化上鼓励父亲更多参与育儿。

第四，劳动力市场制度与其他公共服务和社会保护制度的协作。从鼓励生育的角度看，提供儿童照料服务的作用更为重要，可以更大程度上降低生育给女性就业和职业发展带来的负面影响。当儿童照料服务费用无法负担、质量不高或难以获得时，父母就可能会选择减少工作，这对父母工作的稳定性和儿童幸福感会造成负面的影响，而这种工作上的负面影响大部分会反映在母亲的身上，从而降低女性的劳动参与率。此外，家庭福利制度也起到了重要作用。一方面，需要对参与社会劳动有困难又有抚养孩子的额外支出的家庭给予特殊的照顾，另一方面，参与社会劳动获得收入和技能对于个人和社会发展具有重要意义，过度福利化不但会导致弱势个体的长期福利受损，还会导致生育的污名化和影响社会发展的动力。

二、我国劳动力市场政策在促进工作和家庭平衡方面的现状和问题

（一）女性的劳动参与水平较高，但近期有所下降

马克思、恩格斯以辩证唯物主义和历史唯物主义为基本研究方法构建了马克思主义妇女理论，认为随着私有制的出现，女性被局限于家务劳动中，丧失了参与社会生产的权利，是女性受压迫受歧视的根源。因此，鼓励女性参与劳动，提高女性经济和社会地位一直是我国推动妇女解放事业的核心。在这一思想引领下，我国女性劳动参与率处于全球较高水平。

1. 党和国家一直将鼓励女性参与劳动作为推动妇女解放事业的核心

中国共产党从建党之初就将妇女视为革命的重要力量。从 1922 年中国共产党第二次全国代表大会的《关于妇女运动的决议》起，我们党开始努力保护女劳动者的利益、保护女工及童工的利益，并于接下来的会议中不断细化政策①。1931 年通过、1933 年修订的《中华苏维埃共和国劳动法》较完整地形成了妇女劳动保护的基本框架，即三类劳动保护措施和雇主责任制②。

1949 年 9 月通过的《中国人民政治协商会议共同纲领》中指出，中华人民共和国废除束缚妇女的封建制度。妇女在政治、经济、文化、教育的各方面，均有与男子平等的权利。这一精神也体现在宪法、婚姻法、义务教育法等法律中。1992 年妇女权益保障法更是明确规定了国

---

① 张希坡：《革命根据地的工运纲领和劳动立法史》，中国劳动出版社，1993。
② 韩延龙、常兆儒：《中国新民主主义革命时期根据地法制文献选编》，中国社会科学出版社，1984。

家保障妇女享有与男子平等的劳动权利和社会保障权利。此外，还有一系列专门为女性提供的劳动保护措施，如《女职工劳动保护规定》（1988年）、《女职工禁忌劳动范围的规定》（1990年）和《女职工劳动保护特别规定》（2012年）。这一系列的政策法规极大促进了女性参与社会劳动的积极性，使得我国的女性劳动参与水平明显提高，女职工规模迅速扩大，占比也显著上升。妇女解放事业得到了长足发展。

2. 受多重因素影响，女性的劳动参与水平有所下滑

近年来，我国女性的劳动参与水平有所下滑，这是由于人口结构的变化和经济社会发展水平的提高带来的，但同时女性回归家庭的论调也有所抬头。从2000年到2015年两次全国人口普查看，我国女性就业人口占总人口的比例从68.9%下降到53.9%，降低了15个百分点，而男性就业人口占总人口的比例从81.4%下降到71.0%，降低了10.4个百分点。女性就业人口比例的下滑速度明显高于男性。对于25～39岁生育旺盛期的妇女而言，就业水平的下滑更为明显，女性就业率从2000年的84.7%下降到2015年的72.8%，下降了11.9个百分点；男性则从95.1%下降到89.7%，下降了5.4个百分点。女性就业水平的下滑与女性承担了更多的家庭责任有密切关系。有研究显示1990—2010年，在性别观念的实践中，"男强女弱""男主女从""男外女内"等观念出现了分化，有回归传统的趋势[1]。2014年OECD的一份报告显示，中国男女在无偿劳动上花费的时间差异明显，女性每天在照料家人、打扫卫生等无偿劳动上花费的时间，在29个国家中排名第一，而男性无偿劳动的时间为91分钟，仅高于日本、韩国、印度和土耳其。根据中国民生满意度调查的数据，2021年18岁以上的受

---

① 杨菊华、李红娟、朱格：《近20年中国人性别观念的变动趋势与特点分析》，《妇女研究论丛》2014年第6期。

访者没有工作的原因分布，男性有 5.5% 是由于料理家务及照料家庭成员不能工作，女性这一比例为 33.7%；在 25 ~ 34 岁年龄组男性为 12.0%，女性为 65.6%；在 35 ~ 44 岁年龄组男性为 9.8%，女性为 73.4%。

（二）劳动保护制度的不完善加剧了女性在就业市场上的弱势地位

长期以来，我国一直面临着劳动力供大于求的局面，就业形势严峻，劳动力市场竞争激烈，劳动者处于相对弱势的地位。尽管相关的法律法规不断完善，劳动者权益保护不足的制度建设尚有不少短板，劳动者权益得不到保护的现象仍然存在。这使得处于竞争弱势的育龄期女性更难兼顾工作和家庭。

1. 超时劳动普遍存在，加大了女性兼顾工作和家庭的难度

兼顾工作和家庭首先需要保障劳动者的休息权。当今世界的发展潮流是降低工作时间，并提出劳动者不仅是企业的一员，也是其家庭的一员，更是整个社会的一员，必须有暂行脱离职业生活、自由享受从事其他生活的权利的理念，将缩短工时作为提高劳动者生活水平的指标之一[1]。尽管最高人民法院、人力资源和社会保障部向社会公开发布的《劳动人事争议典型案例（第二批）》中明确"996"严重违反法律关于延长工作时间上限的规定，相关公司规章制度应认定为无效，但当前超时劳动的现象较为普遍，"996"甚至"007"仍然大行其道。根据 2021 年民生调查的数据，18 岁以上劳动者每周工作 44 小时以上的占 53.3%。在这样的情况下，承担了更多家庭照料责任，需要进行更多无偿劳动的女性必然更难以平衡工作和生活。

---

[1]　王天玉：《工作时间基准的体系构造及立法完善》，《法律科学》2016年第1期。

2. 基于性别的就业歧视大量存在，劳动者维权困难

由于反对就业领域性别歧视方面的法规和制度的不完善，育龄女性在遭到就业歧视时难以维权。尽管我国在宪法、劳动法、就业促进法等法律中都明确了劳动者的平等就业权，还批准了《消除对妇女一切形式歧视国际公约》《对男女工人同等价值的工作付予同等报酬公约》《消除就业和职业歧视公约》等一系列国际公约，但我国尚未出台一部专门针对就业歧视的法律，缺乏反就业歧视的系统性规定。相关法律规定过于模糊，可操作性较弱，在诉讼主体、歧视的判断标准、举证责任等关键环节缺乏明确的表述，特别是对于什么是歧视缺乏准确定义，严重影响了司法实践。此外，在机构设置上也不健全。很多国家设立了专门的反就业歧视机构，就是考虑到司法救济对受害人而言程序复杂且难以操作，救济效率不高，专门的反就业歧视机构可以提供更为系统化、制度化及预防性的救济。如欧盟在2000年要求成员国必须制定平等法并成立专门的执行机构，为欧盟统一的劳动力市场建设奠定了基础。美国在1972年建立了平等就业机会委员会，日本1985年建立了机会平等调解委员会。这些机构既为受害者提供直接的帮助，还通过督促立法、宣传教育、调查研究等方式促进就业平等。

（三）生育保险制度对女性就业和生育的支持不足

建立生育保险的目的就是要促使社会分担家庭的部分生育成本，包括相关的医疗支出和收入补偿。总的来看，生育保险完善的动力主要有3个方面，包括保障母婴的基本安全和健康；促进女性公平参与社会劳动；促进就业和生育之间的平衡，稳定生育水平。

1. 生育保险覆盖水平较低

我国生育保险的参保水平不高。2020年参加生育保险的人数只有

23567 万人，而参加职工养老保险的在职职工人数为 32858 万人。一方面，部分企业违反相关法律法规，没有给职工投保；另一方面，由于灵活就业人员不能参加生育保险，也降低了生育保险的参保率，影响了劳动者权益。首先，很多民众无法享受生育相关的基本医疗服务保障和生育津贴保障。如果参加了生育保险，参保人的医疗费用及部分地区参保人配偶的部分医疗费用都可以由基金支出。未参加生育保险的孕产妇可以通过职工医保、城乡居民医保报销部分费用，但很多检查费用并不在目录内，手术费用报销比例也不高，其保障水平明显低于生育保险。而且，没有参加生育保险的女性，一旦怀孕生产，基本无法继续原先的工作，同时又没有生育津贴的保障，收入大幅下滑，个人缺乏稳定的收入来源，造成了很多女性的顾虑。其次，生育津贴覆盖面低不但损害了劳动者的基本权益，也造成企业间的负担不均，加剧了劳动力市场上的性别歧视。按规定，未参加生育保险的就业孕产妇相关医疗费用及生育津贴都应由单位承担，很多用人单位不愿意承担这一费用，不少单位还通过减少雇用或解雇育龄期的女性避免承担相关的费用，这增加了按规定缴费企业的成本，造成了不公平的市场竞争。

2. 生育假期的设置存在一些误区

我国已经有了较为完备的产假制度。1951 年《中华人民共和国劳动保险条例》就明确规定，女工人与女职工产前产后共给假 56 日，产假期间，工资照发。1988 年《女职工劳动保护规定》将产假时长延长到 90 天，并规定有不满 1 周岁婴儿的女职工，每天增加 1 小时的哺乳假。2012 年产假延长到 98 天，这与国际劳工组织和世界卫生组织推荐的 14 周以上产假的要求基本吻合。2013 年后，国家生育政策不断完善调整，相继实施了单独两孩和全面两孩政策，2021 年《中共中央 国务院关于优化生育政策促进人口长期均衡发展的决定》更是明确提出实施三孩生育政策及配套支持措施。这些政策出台后，各地的《计划生育条例》也进行了修订，与此同时，也对产假的规定进行了调整。各地普遍延长了产假，设立了陪产假，男性可以享受 7 ~ 30 天的陪产假，还增加了 5 ~ 20 天的父母育儿假。

但当前生育假期的设置也存在一些误区。第一，一味延长产假和延长期产假可能造成新的问题。在 98 天产假的基础上，各地普遍增加天数不等的延长期产假，通常在 30 天 ~ 6 个月。西藏甚至规定了 365 天的产假。生育假期不是越长越好，劳动者离开岗位时间过长会对自己的人力资源积累造成不利影响，企业保留岗位的成本也会明显上升。三孩政策放开后，意味着女员工可能需要休 3 年产假，这使得企业雇用女员工的顾虑更多。第二，部分地方根据孩次设置不同的假期天数，如规定生育第一、第二个子女的延长产假 60 天，生育第三个子女的延长产假 90 天。这一差异化的规定缺乏依据，不利于新生儿的成长也不利于提高一孩、二孩生育的积极性，还可能造成多孩生育者更大的就业困难。第三，部分地方陪产假和父母育儿假偏短。政策调整后各地男性可以享受 7 ~ 30 天的陪产假，同时增加了 5 ~ 20 天的父母育儿假，其中增设父母假是制度上的重大进展。但总体而言，陪产假和父母假的天数仍然偏少，而且父母育儿假享受的年限较短，如北京、上海均规定父母育儿假只有孩子 3 岁以前享受。根据 2020 年中国民生调查的数据，家中有 4 ~ 18 岁孩子的家长，没有因为孩子请过假的只占 32.4%，有 53.9% 的请过假，还有 13.6% 的人工作时间较为灵活不用请假。而在有 4 ~ 18 岁孩子请过假的家长中，64.4% 的人请假天数在 5 天以上，25 天以上的有 16.1%。仍有必要适当延长生育假的时长和享受年限。

3. 生育津贴的规定不完善影响女性就业

大部分地方的生育津贴不能支付延长期产假的津贴，极大增加了雇用女员工的成本。生育津贴的支付范围和标准是生育保险最重要的制度安排。近几年，延长生育假成为各地生育支持配套措施的重要组成部分，但民众对生育假的延长意见不一，其中的核心原因就是大部分地方的生育保险不能支付延长期产假的津贴，需要由企业支付，部分群众将其评价为"政府点菜企业买单"，认为这一政策实施的结果将使得企业更不愿意招聘生育期的女职工，部分用人单位与女职工的矛盾也更为突出。

二次出资责任也会加剧企业主与女职工的矛盾。很多地方的生育保险条例还规定已经参加生育保险的，按照用人单位上年度月平均工资的标准由生育保险基金支付；生育津贴低于本人工资标准的，由单位补足。这明显地做了区别性的保护，对于低收入的女雇员，保障到用人单位上年度月平均工资的水准；对于高收入的女雇员，保持其平均的收入水准。对于低收入女性的倾斜保护，有助于增强新生儿福祉，没有直接增加企业的经济负担。但对于高收入女员工而言，生育津贴低于本人工资标准的，由单位补足，使得单位要承担二次出资责任，对于企业而言明显带来额外成本，使得企业更不愿意雇用高工资女员工。而且补足生育津贴与个人工资差额的争议大多伴随着违法解雇。这意味着，在雇主不主动补足差额时，员工会在离职时一并要求补足，雇主将为其不愿意继续雇用的员工支付更高的费用。二次出资责任实际上激化了雇主与女性雇员的冲突。尽管无论员工的性别，企业都需要缴纳生育保险，但实践中会享受待遇的仅有女职工，因此不合理不完善的生育保险规定可能会加剧企业主与女职工的矛盾。

4. 企业的人力资本损失没有得到补偿

当前的生育保险能够覆盖女职工产假期间的生育津贴，但除了产假期间的津贴外，企业还需要为休假的女职工支付一系列费用。因为需要为产假期间的女职工保留岗位，企业在此期间主要有两种应对方式。第一，对于替代性高的岗位，企业倾向于将工作拆分给其他职工，通过其他职员加班的方式消化工作；第二，对于替代性不太高的岗位，企业倾向于在员工怀孕初期开始培养临时接替人员。而后者的成本要明显高于前者[①]。这些人力成本与货币成本只能由企业和职工自己承担。女员工的职位越高、可替代性越低，企业需要支付的"培养接替人"的货币成本越高、难度越大，还要承担接替人与休假员工能力不平等造成的业绩损失。在升职过程中，企业也有更大的可能考虑男性员工，这也使得高学历高能力的精英女性为了职业发展，延迟生育或不敢生育。此外，女职工在孕期、产期、哺乳期内，用人单位不能解除劳动合同，而且在此三期内，企业调岗的权利也被严格限制，除非女员工自主申请调整岗位。一旦产生矛盾纠纷，由于存在更大的举证责任，加上程序复杂，企业维护自己的合法权益也存在一些困难，这无疑增加了企业雇用女职工的风险。

三、推进更注重工作和家庭平衡的劳动力市场的政策建议

第一，加强对劳动者基本权益的保障，减少劳动市场上的歧视，特别是保障劳动者的就业权、休息权。要促进好就业和家庭的平衡，需要保障劳动者特别是女性劳动者的就业权。首先，要坚决反对就业歧视，一方面明确就业歧视的相关法律规定，特别是要明确基于性别的就业歧视的定义和类型，畅通投诉举报渠道，建立专门的执行机构，有效降低劳动者的维权成本。另一方面需要保护用人单位的合法权益，避免对三期女职工保护过于泛化，加重企业雇用女职工的风险。其次，保障劳动者的休息权，需要通过强化对超时劳动的监管，增加对严重超时劳动的惩罚措施，及时纠正不规范的用工行为。

---

① 林燕玲：《女职工假期设置对女性权益维护的影响及国际经验比较》，《中国劳动关系学院报》2018年第3期。

第二，规范延长期产假并延长陪产假，将延长期产假和陪产假津贴纳入生育保险支付范围。需要规范延长期产假的长短，增加男性陪产假，并将其间的津贴纳入生育保险的支付范畴，保障员工以及这些用人单位的利益，避免女职工在职场上陷入更加弱势的地位，为男性更加积极地参与育儿创造更好的条件。这也使得各类用人单位无论其雇用的员工是否有孩子都分担育儿成本，促进公平，防止企业间生育成本负担的畸高畸低。

第三，应由生育保险基金对雇主进行补贴。除薪酬外，员工请假还会给企业带来额外的成本，应考虑适度补贴雇主的成本，有助于提高用人单位雇用有照料责任员工和参加生育保险的积极性，更是平衡不同企业在生育成本上的差异，保障市场竞争公平的重要方式。社会保险基金用于激励企业早有实践，如为了支持企业创造更多就业机会，失业保险会对于未裁员或裁员率不高及经营困难且恢复有望的企业给予社保费用的返还。2020年向608万家企业发放失业保险稳岗返还1042亿元[①]，占全年2103亿元支出的49.5%[②]，对于稳就业起到了积极作用。这一经验值得借鉴。

第四，完善生育保险管理机制，综合考虑参保率、缴费率、出生水平和待遇水平，实现生育保险的精算平衡。生育保险保障范围扩大将增加基金支出压力，但生育保险制度的可持续性仍是有保障的。一方面，2020年出生人口数仅为1200万，远低于2016年的1786万，且可能长期处于较低水平，而参保人数近几年增幅明显，基金收支压力得到缓解。另一方面，要加强对生育保险自身收支状况的分析、评估和预判，坚持精算平衡原则，在增加保障项目的同时合理确定缴费水平。

第五，鼓励企业与劳动者协商，提供休假、灵活工时及看护服务等更

---

① 中华人民共和国人力资源和社会保障部：《2020年四季度新闻发布会答问实录》，2021年1月28日。

② 中华人民共和国人力资源和社会保障部：《2020年度人力资源和社会保障事业发展统计公报》。

多育儿便利。我国在通过用人单位提供育儿便利上曾经有很好的经验。随着中国产业的升级和劳动力市场供需结构的变化，女性劳动者担任越来越重要的职位，越来越多的企业希望能通过提供育儿便利来吸引劳动者和稳定职工队伍。应鼓励用人单位在国家法定的产假、延长期产假、陪产假等的基础上，由用人单位与员工协商，自主为员工提供额外的育儿假，成本由企业和员工共同承担，国家给予适当支持；采取更为灵活的劳动时间安排，有条件的用人单位可以采取弹性工作制；鼓励一些雇用人数较多的用人单位自办或联办托儿所和幼儿园，并在相关的用地、资金投入上给予一定的补贴；同时，也要鼓励用人单位为母乳喂养提供必要支持和配套设施，包括设立哺乳室，安放电冰箱，供女职工存奶使用等。

第六，完善儿童照护服务体系。我国双职工家庭占比高，单纯依靠延长生育假期解决低龄儿童照护问题难以实现，反而会加剧生育和工作的矛盾。需要发展好儿童公共照护服务体系，减轻家长的负担，降低家庭育儿成本，这一措施也将有利于提高人口素质、促进社会公平。高质量、普惠性儿童教育和照护体系应该从婴儿出生开始提供全年龄的服务，既要包括0～3岁的婴幼儿照护服务，也要包括幼儿园及中小学生课内和课外的教育和照护。

执笔人：张冰子

加强综合收入补贴政策

　　自 20 世纪 90 年代以来，我国总和生育率开始持续下降。据全国第七次人口普查数据显示，2020 年我国人口总和生育率降低到 1.3。根据国际生育水平比较标准，我国总和生育率不到世界平均水平的一半，这将严重制约我国人口均衡发展及经济发展动力。为缓解生育率下降、优化人口结构、提高人口质量，我国从 2011 年开始，逐步调整改革开放以来的人口计划生育政策，人口政策向鼓励生育转变。2011 年 11 月实行双独二孩政策，2013 年 12 月实行单独二孩政策，2015 年 10 月实施全面二孩政策，到 2021 年 7 月实施全面三孩政策。生育政策的重大调整，不仅仅是逐渐放开生育数量上的限制，更是强调促进生育政策和相关经济社会政策配套衔接，加强人口发展战略研究，并出台计划生育扶助保障相关的改革方案，积极建设生育友好型社会。

　　随着经济社会的发展、社会保障体系的完善，生育观念和限制因素已然发生了极大改变，子女的生养成本大大提高，且自备孕期便已开始，并持续终身。其中，既有时间成本，也有经济成本，且后者更为直接（杨菊华，2019）。生育养育成本和收益成为影响家庭生育决策的主要微观变量。我国是高生育成本和高养育成本的国家，家庭生育意愿和成本—收益分析主导家庭生育行为（吴帆，2016）。同时，由于当今社会人口再生产的投资主体主要是家庭和个人，受益主体主要是国家和社会，投资、收益主体明显错位。因此，在促进生育的相关经济社会政策实施中，政府要重点实施合理的家庭综合收入补贴政策，有效降低家庭生育和养育成本，减少对育龄妇女生育行为的刚性约束，提高我国人口生育率，促进人口长期均衡发展。

一、综合收入补贴的新举措

家庭综合收入补贴是以降低家庭生育养育成本为核心的经济激励政策。这一类政策主要有提供现金资助和减少家庭开支两种类型。前者主要包括生育津贴、育儿补助等以现金形式提供直接资助的项目，后者主要是通过税收减免、住房优惠等措施降低家庭支出。从 2011 年实施鼓励生育政策以来，特别是 2021 年《中共中央 国务院关于优化生育政策促进人口长期均衡发展的决定》颁布实施以来，各地采取多种鼓励生育的经济激励措施，在一定程度上降低了家庭生育养育成本。梳理国家和地方层面的家庭综合收入补贴政策可以发现，目前鼓励生育的措施主要有加大生育津贴发放力度、发放育儿补贴、将生育费用纳入医疗保障、实施住房补贴和公租房保障、个人所得税减免等。

（一）加大生育津贴发放力度

生育津贴，也就是我们通常所说的产假工资，是单位女性职工在产假期间领取的生活费用。根据《中华人民共和国社会保险法》规定，生育津贴按照职工所在用人单位上年度职工月平均工资计发，发放时间不低于 98 天。按照生育保险规定的项目和标准，生育津贴支付有两种，一是对已经参加生育保险的，由生育保险基金支付；二是对未参加生育保险的，由用人单位支付。

近些年，部分省份对生育津贴发放时间进行了延长。比如 2020 年 3 月，福建省规定，符合《福建省人口与计划生育条例》规定生育子女的，生育津贴发放天数不少于 128 天，并根据经济和社会发展情况逐步提高。2021 年 8 月，黑龙江省决定从 2022 年 1 月开始，省医保基金发放生育津贴的时长从 98 天增加到 158 天，标准居全国前列。这意味着女职工产假期间，可以领取更长时间的生育津贴，收入更有保障。此外，甘肃省临泽县采取了额外增加一次性生育津贴的措施。2021 年 9 月，甘肃省临泽县发布《临泽县优化生育政策促进人口长期均衡发展的实施意见（试行）》。《意见》指出，对在本县公立医疗机构生育一孩、二孩、三孩的临泽户籍常住产妇一次性分别给予 2000 元、3000 元、5000 元的生育津贴。

（二）发放育儿补贴

育儿补贴是国际上鼓励生育的通行做法。德国父母带孩子且每周工作少于 30 小时的，可领取最多 14 个月的育儿费。法国一胎家庭每月获近 300 欧元补助；三年内二胎家庭可获得每月约 600 欧元的补助至孩子 6 岁；三胎补助提高到每月 900 多欧元，直至孩子 18 岁。瑞典 16 岁以下儿童每月可领取约 1050 克朗儿童津贴，二孩及以上家庭可领取额外补助。这些国家的津贴补助力度大，对于促进生育产生了比较好的效果。2021 年以来，四川攀枝花、甘肃临泽等部分地区开始出台育儿补贴政策，鼓励本地户籍家庭生育。

2021 年 7 月，四川省攀枝花市颁布《关于促进人力资源聚集的十六条政策措施》，对在本市乡镇卫生院及以上医疗保健机构分娩的攀枝花户籍产妇提供住院分娩免费服务，医保报销外的资金纳入市级财政预算。对按政策生育第二个及以上孩子的攀枝花户籍家庭，每月每孩发放 500 元育儿补贴金，直至孩子 3 岁。攀枝花市成为全国首个发放育儿补贴金的城市。

2021年9月，甘肃省临泽县发布《临泽县优化生育政策促进人口长期均衡发展的实施意见（试行）》。《意见》指出，对在临泽县公立医疗机构生育二孩、三孩的临泽户籍常住家庭，二孩每年发放5000元育儿补贴，三孩每年发放10000元育儿补贴，直至孩子3岁。对在辖区内公办幼儿园就读的临泽户籍常住家庭，二孩每生每学年给予1000元的资助，三孩每生每学年给予2000元的资助。

2021年9月，吉林省明确，要建立育儿补贴制度，完善促进生育的配套支持措施，减轻家庭生育、养育、教育负担；对边境线一定范围内有新生儿出生的家庭，按照省有关规定给予奖励。

2021年11月，黑龙江省规定，市级和县级人民政府对依法生育第二个及以上子女的家庭应当建立育儿补贴制度，并适当向边境地区、革命老区倾斜，具体办法由市级和县级人民政府制定，省级财政可以给予适当补助。

2021年11月，北京市规定，建立与子女数量相关的家庭养育补贴制度。

预计接下来，还会有越来越多的地方出台生育补贴政策。但更多政策需要有财力做保障。因此，各地政府在提出有关政策特别是生育补贴政策时，要坚持尽力而为，量力而行，不仅要现在能兑现，也要保证能持续、长期兑现。

（三）三孩生育费用纳入医疗保障

在我国，生育保险是保障女性职工合法权益的重要社会保障制度。《中华人民共和国社会保险法》明确规定，职工应当参加生育保险，由用人单位按照国家规定缴纳生育保险费，职工不缴纳生育保险费。国家通过立法，统筹国家和社会资源，为因怀孕或分娩而中断劳动的女性职工提供生育津贴、生育医疗费用、计划生育手术医疗费用及国家和地方规定的其他费用。

为贯彻落实党中央关于优化生育政策促进人口长期均衡发展的任务部署，积极支持三孩生育政策落地实施，2021 年 7 月，国家医疗保障局发出通知，要求各地医保部门确保参保女职工生育三孩的费用纳入生育保险待遇支付范围，按规定及时、足额给付生育医疗费用和生育津贴待遇。天津、安徽、甘肃、贵州等先后发文明确将三孩生育费用纳入医疗保障（见表 4–1）。

（四）住房补贴和公租房保障

家庭生育需要考虑一定的居住空间，就目前住房条件而言，高房价、小户型和限购等成为制约家庭生育的重要因素。在各地出台鼓励生育措施时，住房补贴和公租房保障成为政策关注的焦点。

2021 年 7 月，《中共中央 国务院关于优化生育政策促进人口长期均衡发展的决定》中强调，地方政府在配租公租房时，对符合当地住房保障条件且有未成年子女的家庭，可根据未成年子女数量在户型选择等方面给予适当照顾。地方政府可以研究制定根据养育未成年子女负担情况实施差异化租赁和购买房屋的优惠政策。同月，长沙、成都等城市对市民就二胎家庭放开二套房限购的建议做出回应。其中，长沙市住建局表示，生育二胎家庭放宽房屋限购有其合理性，将联合相关部门共同深入研究；成都市住建局回复称，将按照国家、省、市房地产市场调控要求，科学分析，积极研究。

随后，北京、上海、广东、安徽、甘肃等省市相继出台了差异化租赁、改革公租房户型和购买房屋优惠的新政（见表 4–2）。

表 4-1　多地将三孩生育费用纳入医疗保障

时间	地区	文件	内容
2021年8月	天津	《市医保局关于做好支持三孩政策生育保险工作的通知（2021）》	自2021年5月31日起，参保人员生育三孩或终止妊娠相关医疗费用，可在依法依规取得生育服务登记等相关手续后，到医保经办机构申请补报销，生育津贴按规定补支付
2021年8月	广西	《自治区医保局办公室关于生育保险支持三孩政策的通知》	生育保险待遇包括《中华人民共和国社会保险法》和相关政策规定的生育医疗费用和生育津贴。生育津贴按照《女职工劳动保护特别规定》规定的产假期限执行。各地要将参保女职工生育三孩的费用纳入生育保险待遇支付范围，及时足额给付生育医疗费用和生育津贴。已参加职工基本医疗保险的灵活就业人员不缴纳生育保险费，可按规定享受其所在统筹地区的生育医疗费用待遇，但不享受生育津贴
2021年8月	安徽	《关于做好支持三孩政策生育保险工作的通知（2021）》	要确保参保女职工生育三孩的费用纳入生育保险待遇支付范围，各地医保部门要按规定及时、足额给付生育医疗费用和生育津贴，切实保障参保人员生育保险权益。同步做好城乡居民参保新生儿参保工作
2021年8月	甘肃	《关于生育保险支持三孩政策的通知（2021）》	自2021年5月31日起，符合政策的参保女职工生育三孩的生育医疗费用（包括终止妊娠）和生育津贴等纳入生育保险待遇支付范围，并按规定及时足额支付。同步做好城乡居民参保人员生育三孩的生育医疗费用（包括终止妊娠）待遇保障和新生儿参保工作
2021年8月	河南	《关于支持三孩政策做好生育保险工作的通知》	自6月26日出台《中共中央 国务院关于优化生育政策促进人口长期均衡发展的决定》起，将参保女职工生育三孩的费用纳入生育保险支付范围。各地要按时、足额支付生育医疗费用和生育津贴，生育津贴发放天数同生育一孩、二孩的生育费和生育津贴待遇标准按当地规定执行

续表

时间	地区	文件	内容
2021年9月	山西	《关于进一步做好生育医疗保障工作 支持三孩政策的通知（2021）》	将参加城乡居民基本医疗保险的孕妇的产前生育三孩的住院医疗费用，按规定纳入城乡居民医保基金支付范围。各地根据基金承受能力，逐步执行全省统一的医保支付标准，无合并症或并发症的生育医疗费用实行医保限额支付，自然分娩1500元，剖宫产3000元。住院分娩每多生育一个孩子增加300元。参加城乡居民基本医疗保险孕产妇发生的产前检查医疗费用，按规定纳入城乡居民医保普通门诊统筹基金支付范围
2021年9月	贵州	《贵州省医保局办公室关于做好支持三孩生育政策医疗保障工作的通知》	自2021年5月31日起，参加生育保险的女职工生育三孩的，按规定享受生育保险各项待遇。参加生育保险男职工的配偶，未就业且未参加基本医保的，其生育医疗费用纳入生育保险待遇支付范围，具体标准由各统筹地区根据本地实际确定。各统筹地区应将《贵州省人口与计划生育条例》规定的生育奖励假纳入生育津贴享受范围，足额发放生育津贴，不得降低发放标准。各级医保经办机构要按规定及时、足额支付生育医疗费用和生育津贴待遇
2021年11月	湖北	《湖北省人口与计划生育条例》	符合法律法规规定生育的参保女职工生育医疗费用、生育津贴纳入生育保险待遇支付范围，并按规定及时足额支付

资料来源：作者整理。

表4-2　多地有孩家庭住房政策改革

时间	地区	文件	内容
2021年8月	北京	《关于加强公共租赁住房资格复核及分配管理的通知》	优化公租房分配方式，提升配租工作效率。在公开摇号之外，进一步拓展"快速配租""实时配租"高效方式，对取得公租房备案资格的低收入、重残、大病等特困家庭，未成年子女数量较多家庭（含分散供养特困家庭），区住房保障管理部门也可给各区实际，直接发放选房通知并组织选房。直接发放选房通知单的，备选房源应当不少于两处，且户型应当符合本区实际，在户型选择上，可根据未成年子女数量给予适当照顾，为未成年子女提供更好的居住环境。家庭资格相匹配，在确保公平公正的基础上，简化分配程序，提高分配效率，减少备案家庭等待时间。
2021年11月	北京	《北京市人口与计划生育条例（2021）》	为贯彻落实《中共中央国务院关于优化生育政策促进人口长期均衡发展的决定》要求，进一步做好对有未成年子女家庭的住房政策支持，本市将对未成年子女数量较多的家庭，在公租房配租方面给予适当政策倾斜。经统计，目前在全市公租房轮候家庭中，有2个及以上未成年子女的家庭近3000户。按照此次文件规定，这些家庭可纳入公租房直配模式范围，即住房保障管理部门可结合本区实际，直接发放选房通知单组织选房，无须经过登记、摇号排序等环节。同时，在户型选择上，可根据未成年子女数量给予适当照顾，为未成年子女提供更好的居住环境。未成年子女数量较多的家庭申请公共租赁住房的，可以纳入优先配租范围，并在户型选择等方面子以适当照顾
2021年11月	上海	《上海市人口与计划生育条例（2021）》	市和区人民政府应当采取财政、教育、住房、就业、保险等支持措施，减轻家庭生育、养育、教育负担

续表

时间	地区	文件	内容
2021年12月	广东	《广东省人口与计划生育条例（2021）》	各级人民政府应当采取财政、税收、保险、教育、住房、就业等支持措施，减轻家庭生育、养育、教育负担。县级以上人民政府在配租公租房时，对符合当地住房保障条件且有未成年子女的家庭，可以根据未成年子女数量在户型选择等方面给予适当照顾
2021年11月	安徽	《安徽省人口与计划生育条例（2021）》	县级以上人民政府在配租公租房时，对符合当地住房保障条件且有未成年子女的家庭，可以根据未成年子女数量在户型选择等方面给予适当照顾，并可以根据养育未成年子女负担情况制定实施差异化购买房屋租赁和购买租赁的优惠政策
2021年9月	福建	《关于加强未成年人保护工作的实施意见》	各地政府在配租公租房时，对符合当地住房保障条件且有未成年子女的家庭，可根据未成年子女数量在户型选择等方面给予适当照顾
2021年12月	江苏省海安市	《关于促进城乡统筹改善居住条件的暂行办法》	子女未满18周岁（截至2022年2月28日）的二孩、三孩家庭，购房时凭户口本或出生证明，在市场价基础上二孩家庭给予每平方米200元、三孩家庭给予每平方米400元的优惠
2021年9月	甘肃省临泽县	《临泽县优化生育政策促进人口长期均衡发展的实施意见（试行）》	对生育二孩、三孩的临泽户籍常住家庭，在临泽县城区购买商品房时给予4万元的政府补助，在各乡镇、屯泉小镇、丹霞康养集中居住区购买商品房时给予3万元的政府补助。政府在配租公租房时，对符合住房保障条件且有未成年子女的家庭，优先予以保障

资料来源：作者整理。

（五）其他补助

除以上 4 项主要经济补贴政策以外，多地还因地制宜、采取多种经济支持措施降低家庭生育养育成本，鼓励家庭生育。

2021 年 8 月，山东日照率先制定托育服务普惠标准，合理化收费；鼓励已满足当地 3 ～ 6 岁幼儿入园需求的幼儿园开设托班，招收 2 ～ 3 岁的幼儿；职工托育保教费参照幼儿园的报销办法进行报销；鼓励用人单位采用单独或联合举办的方式在工作场所或就近为职工提供福利性托育服务。

2021 年 11 月，上海市《关于基层工会做好第三胎生育慰问有关事项的通知》要求，基层工会在会员生育第三胎时可给予实物慰问，慰问标准不低于第二胎，各单位根据实际，经相关民主程序确定。生育第三胎的父母双方均可在各自单位工会享受慰问。

2021 年 12 月，吉林省印发《关于优化生育政策促进人口长期均衡发展实施方案》，其中指出，支持银行机构为符合相关条件的注册结婚登记夫妻最高提供 20 万元婚育消费贷款，按生育一孩、二孩、三孩，分别给予不同程度降息优惠。全面放开全省所有城市落户限制，省外户籍夫妇按政策生育子女在吉林省落户的，即可获得市民待遇。按政策生育二孩、三孩夫妻创办小微企业，对月销售额 15 万元以下的增值税小规模纳税人，免征增值税；对年应纳税所得额不超过 100 万元的部分，减按 12.5% 计入应纳税所得额，按 20% 的税率缴纳企业所得税；对年应纳税所得额超过 100 万元但不超过 300 万元的部分，减按 50% 计入应纳税所得额，按 20% 的税率缴纳企业所得税。支持各地依据现行普通公办托、幼机构保教费收费标准，对按政策生育二孩、三孩家庭，在子女 3 周岁或 6 周岁前，给予一定比例的激励奖励，省级财政将根据情况给予适当补助。

二、综合收入补贴存在的问题

（一）综合收入补贴体系亟待健全完善

现阶段，我国出台了多项促进生育和相关家庭发展支持政策，在个人所得税、生育养育和社会保障等方面给予家庭经济支持和税收减免，取得了积极进展。但从国际比较和家庭支持政策总体来看，我国家庭综合收入补贴政策体系尚未完全建立，亟待进一步健全完善。一是家庭综合收入补贴项目和标准差异大。由于目前家庭综合收入补贴政策基本上是由国家层面制定原则性框架，把制定具体实施细则的权力赋予了各省（区、市），这就使得各地的家庭综合收入补贴项目内容和标准具有明显的差异性。家庭综合收入补贴项目应是一套完整、科学、成体系的组合内容，能够切实反映社会家庭变化，改善家庭微观结构，提高家庭发展能力，增进家庭福利水平，有效促进人口生育。需要有比较明确的基本补贴项目和标准，各地在此共识基础上，结合本地实际情况，酌情增加可选项目。二是家庭综合收入补贴项目尚未普惠。当前家庭综合收入补贴项目的对象主要是基于户籍确定的，与人口实际流动、生活、学习、就业存在较大出入。同时也对非本地户籍人口存在政策歧视，人为造成不均与割裂。家庭综合收入补贴项目的对象应从当前基于户籍转变为基于常住，实行普惠型补贴，给予家庭有力支持。

（二）经济补助标准过低难以发挥政策引领作用

养育孩子的经济成本过高，无论是生育成本、生活成本还是教育成本，养育一个孩子对于家庭来说会增加不少压力，更不用说二孩甚至三孩。当前全国层面对有孩家庭尚未出台普惠性经济补助。对较大群体进行生育子女经济补助的政策主要是企业职工的生育保险和纳税个体的个人所得税专项附加扣除。对于日益高昂的生育养育成本而言，这两项经济补助所占比重较小，在家庭生育决策中，难以发挥政策引领作用。2021 年部分地区出台了更大力度的补贴政策，会对减轻生育养育成本产生明显积极作用，但此类政策的普惠性和持续性尚有待进一步观察。

（三）现行经济补助行为难以促进生育和家庭持续发展

在现行生育经济补助支持政策中，现金补贴大部分为一次性的，且金额较少，家庭生育养育的经济压力较大。尽管有个人所得税子女教育专项附加扣除，但其额度对于中等收入群体养育教育子女而言，影响仍旧不大。当前，我国生育补贴项目主要集中在女性怀孕和分娩阶段，对于儿童后天养育和成长方面的经济扶助相对比较匮乏。今后综合收入补贴政策更应侧重于持续的给予家庭养育教育子女的经济支持，解决当前家庭"不敢生""不想生"问题，促进生育和家庭持续发展。

三、加强综合收入补贴的政策建议

针对现阶段综合补贴存在的问题，为解决当前育儿经济成本过高，但公共支持（除一次性的补贴外）几乎完全缺失的问题，建议从以下 5 个方面着手建立健全综合收入补贴政策。

（一）完善生育保险制度

生育保险是我国法定的五项社会保险制度之一。加快改善人口结构，降低生育成本，进一步完善生育保险制度具有必要性。要逐步扩大生育保险覆盖范围，将所有未退休但已参保的人口纳入其中，重点是要将灵活就业人员纳入生育保险参保范围。要扩大生育保险可支付范围，支付父亲陪产假期间的生育津贴、提高生育医疗费用的报销比例，并将延长期产假的生育津贴纳入生育保险。要完善生育保险待遇水平调整机制，适时合理与居民生育成本变动相挂钩，形成合理联动机制。

（二）尽快建立普惠型儿童津贴制度

儿童津贴是各国社会福利体系的重要组成部分，体现了儿童优先的基本原则，可以有效提高家庭生育意愿。目前，我国已经建立了针对残疾儿童、孤儿、艾滋病儿童和事实无人抚养儿童的适度普惠型儿童福利制度，但覆盖面还比较窄，福利的给付形式还比较单一，额度也比较低。为进一步鼓励生育，建议尽快建立针对 0 ~ 6 岁儿童的普惠型儿童津贴制度，降低家庭育儿成本，国家制定基础儿童津贴标准，各地根据经济发展和财政收入水平进行适度调整，资金则主要由地方财政承担。鼓励经济发展水平较高的东部地区率先探索各种瞄准型儿童津贴制度。

（三）加大对多孩家庭的住房政策倾斜力度

居住空间影响着家庭生育意愿。许多有生育意愿的家庭往往因无法改善居住空间而选择少生甚至不生。当前我国住房政策不利于有孩家庭改善住房。要适当修改现行的住房贷款政策、住房限购政策等住房政策，减轻多孩家庭改善住房的压力，满足多孩家庭改善住房需求。比如，对于多孩家庭通过财政贴息降低房屋贷款利率，提高公积金购房贷款额度、放宽公积金提取条件，改善型房屋按首套房计算等。在住房契税政策上，对于多孩家庭基本居住和改善性需求，应给予相应的优惠支持，降低住房契税。地方政府在配租公租房时，对符合当地住房保障条件且有未成年子女的家庭，可根据未成年子女数量在户型选择等方面给予适当照顾。对租房方面月支出超过一定额度的有孩家庭，可以根据家庭中孩子数量、家庭收入和租房开支确定补助额度。如新加坡对家庭购买政府组屋给予了许多资金支持，购买者可根据家庭安排选择不同的补贴方案，低收入家庭可以获得40000新加坡元的额外补贴，当购房者选择住在父母附近或者和父母同住，可再额外得到一笔补贴。

（四）实施子女养育个人所得税抵扣

我国个人所得税政策中有6项专项附加扣除，子女教育是其中一项。纳税人子女从年满3岁开始一直到整个全日制学历教育阶段的支出，按照每孩每月1000元标准扣除。除此之外并无其他税收优惠政策。要进一步完善个人所得税制度，建议将子女教育专项扩展为子女养育专项，个人所得税抵扣覆盖养育子女从出生到学历教育的全阶段，将3岁以下婴幼儿照护服务费用纳入个人所得税专项附加扣除，并按照年龄分阶段提高专项扣除标准，同时对职业母亲的个人所得税继续进行减免，切实减轻家庭照护婴幼儿的经济负担。对于子女是残疾人的家庭，纳税人子女养育专项扣除则没有时间限制。对生育子女两个及以上的家庭，应该提高税收起征点或实行更大幅度的税收免除。鼓励有条件地区探索实行以家庭为单位征收所得税。综合考虑家庭规模及家庭的抚养负担，特别是考虑养育孩子而产生的支出，从而对社会财富进行更为合理的二次分配。同样的收入，单身人士和一个有两个及以上孩子的家庭税费缴纳应该有所差异。

（五）对未达到个人所得税标准的低收入有孩家庭直接进行现金补贴

国内缴纳个人所得税的人群占比很小，仅靠个人所得税抵扣，不足以有效提高生育率。应发挥政府保基本、兜底线、惠民生的作用，鼓励有条件的地方先行先试，针对未达到个人所得税标准的低收入有孩家庭进行现金补贴。这部分人群主要是城市低收入群体和农村家庭，补贴标准由各地政府根据本地经济发展情况、人口发展规划和家庭孩子数量确定。

执笔人：李恒森

建立"普惠式"家庭支持体系

国家统计局数据显示，2020 年我国人口出生率为 8.52‰，首次跌破 10‰，为 1978 年以来最低水平；总和生育率为 1.3，低于警戒值。2022 年更是同比减少 85 万人，出现 60 多年来首次人口负增长。保持适度生育水平、促进人口长期均衡发展迫在眉睫。造成近年来生育率持续下降的原因，一方面是育龄妇女规模持续下降，近年来处于 20 ～ 34 岁生育旺盛期育龄妇女数量每年减少 400 多万；另一方面是经济、社会、文化等多方面影响，生育意愿持续下降，目前育龄妇女生育意愿子女数仅为 1.8 个，低于人口更替水平。育龄妇女规模持续快速下降的客观现实是不可改变的，因此完善相关公共政策改变生育意愿持续下降的局面就更为迫切。受家庭结构和功能变化、育儿理念更新及对儿童未来成长期望变化、生活工作压力增加等多种因素影响，家庭承受的育儿压力明显增加，很大程度上影响了家庭的生育意愿，且对儿童健康成长不利。尽快建立完善"普惠式"的家庭支持体系，切实缓解家庭育儿压力，将有助于稳定或提升生育意愿。

一、家庭育儿普遍承受较大压力

（一）养育孩子是需要家庭长期持续投入物质和精力的过程

孩子的生育、养育、教育往往要持续十几年甚至二十几年，可以说从备孕开始到孩子完成学业独立生活，家庭都需要持续关注孩子在健康、学业和成长等各方面的需求，还要随时应对不同时期孩子成长和亲子关系等各方面的挑战。因此，对家庭，特别是父母而言，养育孩子本身是一个需要长期持续承受压力的过程。而且，近年来受"精养"理念普及的影响，家长往往需要投入比以往更多的资源和精力来养育孩子，进一步加剧了育儿压力。

（二）现代育儿理论的快速普及，给家庭科学育儿提供支持的同时也带来困扰

随着家庭对儿童健康和成长期望值的提升，对科学育儿知识和能力提升的需求也明显增加。近年来儿童早期发展备受关注，大众传媒的快速发展使各种新的育儿理念和育儿知识得到广泛传播，一定程度上满足了家庭对育儿知识的需求。有调查显示，微信公众号和朋友圈已经成为很多家长，特别是年轻父母获取育儿信息的主要渠道。

但是，目前各种渠道，特别是网络来源的育儿信息内容庞杂、质量参差不齐，不同理论流派的育儿理论或理念本身存在差异甚至是冲突，有些科学育儿的理念与传统育儿方式有较大差异，还有部分商家受利益驱使，打着科学育儿的名义，通过非正规渠道、非规范方式传播未经充分证实的育儿方法，甚至引发一些不良事件。

这些都进一步增加了家长在信息甄别方面的困难，造成信息焦虑，还可能加重家庭内部，特别是不同代际之间因育儿理念冲突引发的矛盾，成为育儿压力的一个重要来源。适当的育儿压力能促进家长主动积累育儿知识、提升育儿技能，有利于儿童的健康发展。但是过多的焦虑会发展成社会性的"内卷"，不仅不利于儿童健康成长，还会超出家庭承受能力，给家庭带来额外的负担。

（三）经济社会压力持续增加使得父母更难平衡工作与家庭育儿矛盾

经济社会压力不断增大已成为当代人，特别是大城市面临的常态，通勤时间长、超时劳动普遍，不断挤压着可用于家庭陪伴的时间。同时，育儿成本的提高会加重家庭经济压力，可能促使父母，特别是父亲更多投入工作，从而进一步减少家庭陪伴，陷入工作与育儿矛盾的恶性循环。

有调查显示，73.0%的父母（其中，父亲81.7%，母亲69.5%）都表示因工作太忙，而很少照顾孩子[1]。一些职业女性甚至选择辞掉工作成为全职妈妈，对女性职业稳定性和长期发展造成不利影响。有研究表明，与生育之前相比，女性生育一个孩子使其就业概率下降约6.6%；生育二孩使其就业概率再次下降9.3%[2]。对女性就业的负面影响会进一步影响家庭总收入，研究表明，生育一孩将使家庭劳动力市场总收入下降约5.6%，继续生育第二个孩子的家庭劳动力市场总收入再次下降约7.1%。这可能迫使父亲要承担更多工作以弥补家庭收入损失，从而进一步减少对子女的陪伴，加重母亲的育儿压力。

（四）家庭内部育儿责任分担使女性承担更多育儿压力

母亲是婴幼儿照护的主力，父亲参与儿童照护的比例长期偏低。城市中双职工共同养家模式已成为主流，年轻一代男性承担家务的比例较之以前也有所提升，但"男女共同主内"却没有形成趋势。北京市的调查显示，只有8.1%的已婚夫妇平均分配了家庭劳动[3]。母亲是生育和哺乳不可

---

① 徐浙宁：《早期儿童家庭养育的社会需求分析》，《当代青年研究》2015年第5期。
② 王俊、石人炳：《中国家庭生育二孩的边际机会成本——基于收入分层的视角》，《人口与经济》2021年第4期。
③ 赵艳、戴丽、段学颖：《北京市育龄妇女二孩生育意愿及其影响因素》，《医学与社会》2019年第8期。

替代的主体，而孩子对母亲的依赖性极强，因此女性往往承担着更大的育儿压力。

中国家庭追踪调查（CFPS）的数据显示，2012—2018 年，女性作为 0 ~ 3 岁儿童日间照料人的比例保持在接近 60% 的水平，其中白天占58.9%，晚上占 76.2%；2018 年，父亲作为 3 岁以下孩子日间和夜间主要照料人的比例分别为 1.1% 和 1.4%，显著低于母亲、爷爷奶奶及外公外婆。

隔代养育在减轻家庭照护压力的同时，也可能增加家庭内部的冲突。CFPS 显示，2012—2018 年，祖父母成为婴幼儿日间主要照料人的比例逐年增加，将近 40% 的家庭中隔代照料成为了最主要的抚育模式。隔代养育减轻了年轻父母的家庭照护压力，但两代人育儿观念往往存在较大差异，从穿衣多少到购买衣服和食物、使用电子产品，都会发生摩擦。老人无法理解顺应性喂养、营养搭配这些新鲜但复杂的观念，年轻母亲不认同老一辈粗糙的养育模式，增加了两代人的沟通压力，加剧了母亲和老年人双方的身心压力。

育儿压力对女性身心健康造成不利影响。母亲的时间和精力被生育和养育占据，因束缚、不满和社会地位下降等，极易产生抑郁、焦虑等情绪。有调查显示，中国孕产期抑郁的合并患病率为 16.3%[①]。另有调查显示，拥有 3 岁以下孩子的女性中，超过 10% 的人觉得自己经常性地情绪低落，29.6% 的人经常性失眠。这对母亲、孩子、家庭乃至整个社会都有一定的负面影响。相对于其他家庭成员，母亲需要更多的支持和帮助。

（五）社会支持不足加剧家庭育儿压力

一直以来育儿都被认为是家庭责任，是比较私人化的领域，特别是针

---

① 杨业环、孙梦云、黄星、杨丽、郑睿敏：《中国孕产妇孕产期抑郁状况与动态变化规律》，《中国妇幼健康研究》2021年第8期。

对 3 岁以下尚未进入幼儿园接受正式教育的婴幼儿，养育责任几乎全部由家庭承担，来自家庭之外的干预和支持很少，家庭基本处于"孤军奋战"状态。主要体现在以下方面。

一是社会化托幼机构供给缺口大。尽管近年来国家对儿童早期发展、3 岁以下婴幼儿照护等服务的重视程度不断提高，采取多种措施促进相关服务发展，但总体来看，受传统观念、服务模式等多种因素影响，目前 3 岁以下儿童的养育教育责任主要仍在家庭。

二是社区及公共场所育儿支持信息不足，配套设施缺乏。公共场所母婴室、儿童活动场地、无障碍设施等配备不足，给儿童家庭出行带来诸多不便。农村地区育儿支持资源更加匮乏，托育服务几乎空白，留守儿童面临的养育教育难题仍旧比较突出。

此外，良好的邻里关系有利于家庭间互相帮助，对家庭育儿压力的缓解起到支持作用。但随着居住环境和生活工作习惯的改变，传统淳朴友善的邻里风气逐渐淡化，对家庭的支持作用明显减弱。

二、现有政策对家庭育儿整体支持不足

在出生率持续下降的大背景下，政府对家庭育儿的支持力度在增加。2019 年国务院办公厅《关于促进 3 岁以下婴幼儿照护服务发展的指导意见》明确提出加强对家庭婴幼儿照护的支持和指导，要求采用入户指导、亲子活动、家长课堂等方式，利用互联网等信息化手段，为家长及婴幼儿照护者提供婴幼儿早期发展指导服务。《中华人民共和国国民经济和社会发展第十四个五年规划和 2035 年远景目标纲要》也专门提到加强对家庭照护和社区服务的支持指导，增强家庭科学育儿能力。

2021 年 10 月发布的《中华人民共和国家庭教育促进法》在详细界

定未成年人父母及主要监护人家庭责任的同时，明确提出国家和社会为家庭教育提供指导、支持和服务，规定了教育行政部门、妇联等机构的责任及社会各方参与机制，要求组织建立家庭教育指导服务专业队伍，通过多种途径和方式确定家庭教育指导机构，及时向有需求的家庭提供服务。

此外，《关于优化生育政策促进人口长期均衡发展的决定》《中国妇女发展纲要（2021—2030 年）》《中国儿童发展纲要（2021—2030 年）》《关于推进儿童友好城市建设的指导意见》等也分别对发展婴幼儿照护服务、构建覆盖城乡的家庭教育指导服务体系、增强家庭照护能力、指导帮助家庭调适亲子关系、缓解育儿焦虑、发动全社会力量共同致力于儿童发展、开展儿童友好社区建设等提出了相关要求。

但从总体上看，现有政策在落实过程中还存在不少问题。一是 0 ~ 3 岁婴幼儿社会照护体系刚刚起步，照护资源还远不能满足家庭育儿的需求。截至 2021 年 7 月，我国 4200 万 0 ~ 3 岁婴幼儿中 1/3 有比较强烈的入托需求，但目前实际供给率仅为 5.5% 左右，还存在较大的供求缺口。

二是家庭科学育儿指导政策在落实中可能面临多重难题。目前，为家庭提供科学育儿指导和支持基本还处在政策倡导和初步探索阶段，家庭教育指导机构和专业人员队伍尚未建立起来，服务能力还严重不足，相关经费保障、监督考核和激励机制等还没真正理顺。家庭育儿需求多样，入户指导、亲子活动、亲子课堂等具体实施方式还在探索阶段，且需要充分考虑活动内容与家长需求的匹配度，家长对活动形式的接受度、参与意愿、参与活动的便利性等问题。

受上述多方面限制，目前现有政策覆盖面还比较小，或者是在发达城市部分社区有点状探索，或者是仅在农村贫困地区采取项目式方式对留守儿童等特殊困难家庭提供支持，还没有真正形成规模，缺乏普惠性。

三、对家庭提供综合性育儿支持是发达国家通行做法

（一）世界卫生组织家庭育儿支持框架[①]

世界卫生组织提出的养育照护框架包括5个领域的核心内容和3个层次的家庭支持。5个核心内容即良好的健康、充足的营养、回应性照护、早期学习机会及安全保障。3个层次包括普遍性支持、针对性支持、专门性支持，其覆盖人群和干预强度互相补充。普遍性支持包括法律和政策、儿童发展公共信息惠及家庭、利用照护者和幼儿的日常接触和服务提供基本的养育照护建议和指导；针对性支持包括家访计划、基于社区的参与式活动小组、社区日托中心或其他形式的婴幼儿看护组织；专门性支持包括母亲小组或家访对处于产期抑郁的妇女予以治疗和支持，从出生开始对早产儿提供照护者直接参与的、互动式的、高质量的照护，开展针对发育迟缓和残疾儿童的以家庭为中心的康复和社区支持干预。

（二）发达国家家庭育儿支持政策和模式

1. 美国家庭支持服务模式[②]

美国家庭支持服务强调家庭的能力和优势，而非家庭的弱势与缺陷，因此注重早期预防。家庭支持的目的，是要通过培养家庭的自足感和赋能感，促使家庭更有效地发挥其养育儿童的功能。社区中建立家庭资源中心，供父母和孩子游戏玩耍，以及家长之间交流。家庭资源中心通常由民间创办，但政府会给予一定经费补助。

大多数家庭资源中心的服务包括以下要素。（1）教育培训。内容包括

---

① 世界卫生组织：《养育照护促进儿童早期发展：从生存发展到实现人类健康和潜能的框架》，2018。
② 何芳：《美国家庭支持服务育儿模式之审视》，《比较教育研究》2016年第7期。

读写能力教育、职业培训、个人生活技能指导等。（2）信息课程和支持小组。开设关于儿童发展、养育和家庭生活的课程，也是父母们分享经验和烦恼的平台。（3）亲子活动。让父母与孩子共度时光。（4）家庭访视。由项目工作人员对家庭进行定期或不定期的探访。（5）儿童看护。在父母参与项目活动时，代为照顾儿童。（6）转介服务。为有需要的家庭联系相应的社区机构。（7）代理服务。代表一个家庭或一组家庭向相关部门表达意愿。（8）简报。刊印育儿知识及当地活动和资源的信息。（9）咨询与危机干预。针对家庭问题提供专业咨询和干预。（10）其他辅助服务。如应急的衣物、食品、交通工具等。

2. 英国"确保开端"计划 [①]

为解决不同地区学前儿童及为家庭提供的早期保教服务质量差异较大的问题，同时应对低龄孕妇、青少年犯罪、对贫困人群的社会排斥等影响学前教育、危害儿童成长的问题，英国自1998年起开始实施"确保开端"计划（Sure Start）及"确保开端地方"计划（Sure Start Local Programmes），从家庭和社区入手，以跨部门合作为手段，开展针对儿童，特别是弱势儿童的教育活动。

其中直接针对儿童的具体措施，就是建立"确保开端儿童中心"，作为对儿童实施科学学前教育的机构。英国政府在2004年的《儿童保育十年战略》中确定了到2010年建立3500个儿童中心的目标，保证英国的每个社区都至少有一个儿童中心。

儿童中心提供的核心服务包括全日制早教服务、组织亲子活动、儿童和家庭保健、家庭援助、为家长提供培训和就业咨询、为保姆提供培训和支持、为有特殊需要的儿童和家长提供支持等。服务重点向脆弱社区倾

---

① 张莅颖、王亚：《英国"确保开端儿童中心"及其成就述评》，《保定学院学报》2013年第1期。

斜，要求为英国排名后 30% 的社区提供全部核心服务，为其他社区提供除全日制早教之外的所有活动。

3. 德国综合性的家庭育儿支持政策

德国儿童照顾体系包括津贴制度、育婴假制度与儿童看护服务制度，分别对应为儿童照顾提供经济支持、时间支持与服务支持。在经济层面，德国建立了由儿童津贴、父母津贴、父母津贴＋、合作育儿奖励制度共同组成的津贴制度体系，弥补了父母因照顾子女而减少的工作收入，并通过多样化的制度供给与差异化的支付安排，鼓励两性平等分担育儿责任，帮助父母更加灵活地实现工作与家庭的平衡。在时间层面，德国长达 3 年的育婴假期为父母照顾子女提供充足的时间保障，解除了后顾之忧。同时，向低收入人群、失业者、单亲家庭等群体的制度倾斜凸显了父母津贴制度鲜明的福利性特征及对贫富差距的调节功能[①]。

4. 瑞典家庭育儿支持措施

瑞典的政府对 3 岁以下儿童照料事务高度参与，主要集中在育儿补贴、免费医疗、人性化的婴幼儿设施，极其重视构建对家庭友好的环境。瑞典尤其注重育儿中的两性平等，家庭生育可获得孕期假、带薪育儿假、临时育儿假等假期，假期津贴可达到原收入的 77.6%。通过提供灵活的工作安排、完善的儿童保育体系和税收政策等促进女性充分就业。此外，瑞典政府还设定了性别平等奖励，父母共同使用育儿假，每天的奖励金额为 5 欧元。多项育儿支持措施很大程度上推动了两性平等[②]。

5. 日本育儿支持和促进两性平等政策

为应对少子化问题，日本自 20 世纪 90 年代后期开始推出一系列支持

---

① 郭瑜、庄忠青、李雨婷：《国家责任与家庭功能：德国儿童照顾制度及其对中国的启示》，《经济社会体制比较》2020年第2期。

② 马春华：《瑞典和法国家庭政策的启示》，《妇女研究论丛》2016年第2期。

家庭育儿的措施，包括增加保育设施数量、拓展课后托管服务、设立儿童家庭支援中心、延长育儿假、提高育儿假期间补贴标准、健全妇幼保健制度、实施新生儿家庭访问等。

2010 年日本政府发布《育儿理念》，基本方针是通过构筑覆盖整个人生周期和生活范围的社会支援体制，建立一个社会整体参与的育儿支援体系，彻底改变了传统把育儿的所有职责都堆砌在个人、家庭身上的观念，变“孤独育儿”为“社会共同育儿”①。

同时，日本对女性就业提供支持，制定消灭“待机儿童”②的计划，推广“女性经济学”，为家庭提供多方面育儿支持，鼓励灵活休假，为女性创造更好就业环境③。

（三）育儿支持项目的效果及对中国的启示

为适应家庭结构和功能变化，进一步提高生育率，对家庭育儿提供系统化支持已经成为发达国家的普遍做法。

1. 普遍高度重视家庭在儿童早期发展中的作用

发达国家普遍充分认识到父母在儿童早期发展中的重要作用，早期干预定位从单一以儿童服务为中心转向以整个家庭为服务对象，干预群体从关注弱势、不平等到为所有的家庭和孩子提供高质量的服务④。

2. 采取综合性的干预计划和服务机构直接为家庭育儿，特别是为早期育儿提供全方位支持

发达国家对儿童早期发展的干预模式从单纯生物学模式向“生物—

---

① 裴晓兰：《社会转型与家庭育儿功能的转移》，《当代青年研究》2012年第9期。
② “待机儿童”是指符合政府“保育不足”认定标准，但受到保育所等机构服务能力（场地、人员等）限制导致婴幼儿无法获得托育服务的现象。
③ 张建：《日本的育儿支援制度改革及其启示》，《现代日本经济》2019年第2期。
④ 刘云芬、李燕：《婴幼儿早期发展综合干预研究进展的启示》，《中国保健营养（中旬刊）》2013年第12期。

心理—社会"综合模式发展，向家庭提供医疗、保健、心理健康、家庭支持与婴幼儿教养帮扶等综合服务，来确保所有儿童都能拥有良好的生命开端。一些发达国家已经将支持家庭良性运转、提高家庭抚育儿童的能力作为一项国家发展战略，如英国的"家庭开端计划"、美国的"家庭资源项目"等[①]。

3. 普遍采取多种方式进行综合干预

《柳叶刀》综述了育儿干预项目的效果，认为实施途径取决于干预量、所处环境和具体课程。家访模式、小组活动、小组活动与家访相结合的形式，效果优于单一家访模式。多种促进行为改变的方法，包括图文并茂的海报和卡片，提供亲子游戏和回应性对话的机会，为行为改变提供指导和支持及解决问题的策略，等等。典型的项目包括联合国儿童基金会和世界卫生组织制定的"关爱儿童发展"一揽子计划，以及"伸手学习"项目，通过采取多种策略加强父母对儿童的养育照护[②]。

4. 普遍转变育儿观念，建立社会育儿理念

如日本转变了家庭育儿的理念，倡导充分利用社会力量为家庭提供综合性支持。

5. 注重两性平等，鼓励父母共同参与育儿

各国都有相关政策支持父母双方共同承担育儿责任。德国出台"合作育儿奖励"、瑞典设定"性别平等奖励"，鼓励父母共同休产假或育儿假。同时，积极支持女性就业，为女性提供就业培训和指导、鼓励灵活休假，为女性创造更好就业环境，相关支持措施很大程度上推动了两性平等。

---

① 徐浙宁：《我国关于儿童早期发展的家庭政策（1980—2008）——从"家庭支持"到"支持家庭"》，《青年研究》2009年第4期。

② Pia R Britto, et al., Advancing Early Childhood Development: from Science to Scale 2. Lancet. 2016.

四、建立"普惠式"家庭支持体系，缓解家庭育儿压力

（一）逐步建立社会育儿理念，完善综合性家庭支持体系

育儿不仅仅是一个家庭内部的问题，社会需要积极主动参与；社会支持是否足够是影响家庭生育决策的重要因素之一。一项针对二胎生育率的预测研究发现，获得的社会支持越高，二孩生育率越高[①]。

借鉴发达国家育儿理念变化的经验，以促进儿童健康成长为导向、以家庭育儿需求为中心，整合政府、市场和社会资源，联动教育、医疗、幼儿保健、志愿者、行政机构等各相关职能部门，建立完善更加积极的家庭育儿支持政策，建立涵盖支持家庭生育、养育、教育等全过程的经济和服务保障体系，更好分担家庭育儿压力。

借鉴发达国家经验实施综合性的家庭育儿支持项目，充分依托儿童早期发展项目的资源和已有经验，拓展项目实施区域和覆盖人群范围，并以此为基础整合健康、养育、教育等多方面资源，建立适合中国国情的普惠型家庭育儿支持网络，及时回应家庭育儿诉求，更好满足家庭科学育儿需求。

（二）充分依托社区资源，建立家庭育儿综合支持网络

联合国教科文组织"儿童早期关心与发展"项目提示政策制定者和教育者在关注早期儿童发展的同时，更要加强社区在经济上、物质上和道德上对家庭和儿童的支持[②]。社区在儿童健康成长中一直发挥着重要的支持作用，是家庭获得各种正式和非正式育儿支持最直接、最重要的场所。

[①]　张浩、侯丽艳、马萍、邱红燕：《"80后"职业人群二孩生育行为预测及影响因素分析——基于随机森林算法》，《宁夏医科大学学报》2021年第2期。

[②]　徐浙宁：《早期儿童家庭养育的社会需求分析》，《当代青年研究》2015年第5期。

参照国际经验，在社区建立家庭支援中心，及时响应家庭需求，为家庭育儿提供专业指导和支援，建立家庭与专业服务机构间有效沟通的桥梁，组织家庭共享资源、互帮互助共同应对育儿问题。引导医疗、教育等部门依托各自基层服务网络下沉社区，更加积极主动地为家庭提供各类育儿相关基本公共服务和专业指导。依托社区闲置资源，引入市场和社会力量，提供婴幼儿照料、托管、早期发展指导等服务。加强社区志愿服务，协助组织家庭建立儿童照料和活动互助组，建立正式和非正式的家庭育儿支持网络，减轻家庭儿童照料负担。

（三）建立权威科学的育儿知识传播普及体系，帮助家庭提高育儿能力

家庭支持的核心之一是为家庭赋能，提高家庭科学育儿能力。应严格落实《中华人民共和国家庭教育促进法》等相关要求，全方位加强对家庭科学育儿的指导，协助家庭提升科学育儿能力。

应更好发挥传统健康和育儿知识传播渠道的重要作用。支持医疗保健机构和教育部门将孕妇学校、儿童健康管理、儿童早期发展等工作做实、做细，给家庭提供更有针对性的生育、养育和教育指导。支持医疗健康、教育、心理、交通安全、消防等专业服务机构通过开展社区育儿讲座、组织实践演练活动、定期家访等方式，主动为家庭提供各类与儿童健康、营养、教育、安全和发展等直接相关的指导。

另外，应更好发挥大众传媒在育儿知识普及中的作用。鼓励和支持专业机构和权威专家更多、更好利用新媒体传播科学育儿知识，对网络传播的育儿知识加强规范和监管，建立育儿知识自媒体或公众号等评价体系，包括家庭反馈、权威机构评分和利益冲突回避等机制。完善不良信息举报机制，对虚假信息及时清除，对不规范行为坚决取缔。

（四）引导家庭内部合理分担育儿责任

一方面，应给予母亲更多关爱和支持。关爱女性身心健康，通过定期家访、育儿课堂、组织母亲互助组等各种途径，为母亲提供心理健康、家庭沟通技巧等方面的指导，提高处理家庭育儿矛盾的能力，减轻心理压力。落实妇女权益保护相关法律法规，承认和补偿女性在家务劳动中的付出，更好促进两性在家庭地位的平等。落实并加强女性就业权益保护，倡导建立生育、育儿友好的就业环境和企业氛围，为职业女性更好平衡工作和育儿提供更多支持。

另一方面，更好普及两性平等的观念，更好引导和支持父亲参与育儿。通过落实陪产假、育儿假等措施，支持男性更好履行育儿权利和义务，引导和支持男性更多参与育儿，分担家庭育儿压力。研究表明，增加父亲在儿童保育和家务方面的投入减轻了女性育儿压力，从而能显著提高妇女生育的意愿。

（五）加强宣传引导，营造支持家庭育儿的公共环境和社会氛围

加快推进儿童友好、家庭友好型城市和社区建设，普及社会共同育儿的理念，在全社会营造关爱儿童、支持家庭的良好氛围。加快推进育儿无障碍设施建设，如在公共场所消除台阶，普及家庭厕所、母婴室等，建立更多公益性儿童活动场所，提高家庭育儿获得感和幸福感。

执笔人：张佳慧　贾妮（首都儿科研究所）